2판
SMART
재무관리
입문

목 차

머리말

"견여반석 (堅如磐石)"
기초가 반석처럼 튼튼한 것을 뜻하는 말이다.

다수의 노벨경제학상 논문으로 구성된 재무관리는 고도의 수학 및 금융지식을 필요로 하기 때문에 기초가 튼튼하여야 한다. 따라서 재무관리 과목 공부를 시작하기 위해서는 현재가치의 개념 및 수학과 통계학의 기초지식이 반드시 선행되어야 한다. 이 책은 재무관리 공부를 시작하는 학습자들에게 반석처럼 튼튼한 기초를 만들어 줄 것이다.

국제회계기준(IFRS)을 학습하는 과정에서 금융상품 관련 회계처리에 대해서 어려움을 겪게 된다. 금융자산, 금융부채 및 파생상품 회계처리는 재무관리의 기초지식이 없으면 이해하기 어렵기 때문이다. 따라서 이 책은 중급회계나 고급회계를 공부하는 수험생들과 회계실무자들에게 금융상품과 관련된 지식을 학습하여 회계학을 공부하거나 회계실무에서 관련 내용을 이해하는 데 도움을 줄 것이다.

공인회계사/미국공인회계사/미국 재무분석사(CFA)

김용석.

A house of cards

"기초가 약하면 오래가지 못한다."

SMART

재무관리

입문

Chapter

01

재무관리의 의의

재무관리의 의의

 01 재무관리란 무엇인가?

1 재무관리란 무엇인가?

- 자금의 흐름을 파악하고 분석하는 학문
- 재무학(Finance)이라는 이름으로도 불린다.
- 재무학을 구성하는 두 가지 분야 : 기업재무론과 투자론
- 다른 재화나 서비스와 마찬가지로 자금의 경우에는 이를 필요로 하는 수요자가 있고, 또 이를 수요자에게 자금을 공급해주는 공급자가 있다.
- 자금의 수요자 = 기업
- 자금의 공급자 = 투자자
- 기업의 재무의사결정을 다루는 분야 ⇨ 기업재무론 (corporate finance)
- 투자자의 재무의사결정을 다루는 분야 ⇨ 투자론 (investments)

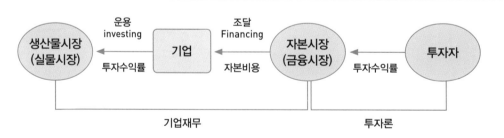

- 생산물시장 : 재화 및 서비스 시장
- 생산요소 : 노동, 토지, 자본(capital)

그림 **1-1** 기업재무론과 투자론

2 기업재무론 (corporate finance)

(1) 기업재무론

- 좁은 의미의 재무관리
- 자금의 수요자인 기업의 자금흐름과 관련된 활동을 다루는 학문
- 기업의 관점에서 자금을 조달하고 운용하는 문제를 다루는 영역
- 주식이나 채권을 발행하여 금융시장에서 자금을 조달
- 공장을 건설하는 등의 실물투자로 자금을 운용
- 기업재무론의 목표 : 기업가치의 극대화

(2) 자금의 운용

- 재무상태표 차변측면
- 자본예산 (capital budgeting) : 비유동자산에 대한 투자결정 (장기적 관점)
- 순운전자본관리 (working capital management) : 유동자산과 유동부채의 차이인 순운전자본의 유동성 관리 (단기적 관점)

(3) 자금의 조달

- 재무상태표 대변측면
- 자본구조이론(capital structure) : 부채(타인자본)와 자기자본의 비중을 결정
- 배당이론(dividend policy) : 이익을 배당과 유보이익으로 나누는 결정

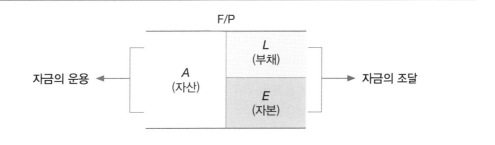

그림 1-2 재무상태표로 본 기업재무론

(4) 기업가치(V)의 극대화

- 재무관리의 목표

- 기업가치 = 기업의 총자산의 가치

- 기업가치(V) = 채권자가치(D) + 주주가치 (E)

- 기업의 소유주를 주주와 채권자로 보는 시각

(5) 주주가치(E)의 극대화

- 기업의 소유주를 주주로 보는 시각

- 채권자는 영업성과와 상관없이 원금과 이자를 받기 때문에 채권자가치는 일정한 상수 값을 갖기 때문에 기업가치의 극대화는 결국 주주가치의 극대화로 귀결

- 주주의 권리는 주식의 형태로 거래되므로 주주가치의 극대화 = 주식가치의 극대화

3 투자론 (investments)

(1) 투자론

- 자금의 공급자인 투자자의 자금흐름과 관련된 활동을 다루는 학문

- 투자자의 관점에서 주식 또는 채권 등 증권투자의 문제를 다루는 영역

- 증권의 균형가격결정 및 증권의 위험관리

- 투자론의 목표 : 투자자 효용의 극대화

(2) 투자자의 효용

- 합리적인 투자자 : 위험을 싫어하는 위험회피형 투자자

- 위험(risk) : 미래 현금흐름의 변동가능성

- 효용(utility) : 기대수익이 커지면 효용이 커지며, 위험이 증가하면 효용은 감소한다.
  $\Rightarrow$ U= f (기대수익(+), 위험(−))

- 투자자 효용의 극대화 : 기대수익의 최대화, 투자위험의 최소화

(3) 위험-수익의 상충관계

- 위험이 큰 투자대상에 투자하는 투자자는 높은 수익률을 기대
- 위험이 작은 투자대상에 투자하는 투자자는 낮은 수익률을 기대
- 위험프리미엄 : 위험부담에 대한 보상으로 인한 요구하는 수익률

(4) 균형가격

- 균형가격 : 미래현금흐름을 적절한 할인율로 계산한 현재가치
- 균형가격 = 시장가격 : 증권가격의 균형상태
- 균형가격 〉 시장가격 : 증권가격의 과소평가
  ⇨ 증권 매수(long position) ⇨ 시장가격 상승 ⇨ 균형상태
- 균형가격 〈 시장가격 : 증권가격의 과대평가
  ⇨ 증권 매도(short position) ⇨ 시장가격 하락 ⇨ 균형상태

(5) 위험관리 (risk management)

1) 위험관리
투자자가 적절한 기법을 이용해서 자신의 투자목적에 따라 위험을 관리

2) 포트폴리오 이론

- 포트폴리오 : 여러 개의 개별증권이 모인 것
- 위험분산효과 : 포트폴리오를 이용한 위험 감소

3) 파생상품을 이용한 위험관리

- 파생상품 : 선물, 옵션, 스왑 등
- 헤지(hedge) : 위험을 제거하거나 감소시키는 효과
- 레버리지(leverage) : 위험의 크기를 더 크게 만드는 효과

02 금융시장의 법칙

1 현재가치와 미래가치의 현금흐름

- 현재가치의 현금흐름과 미래가치의 현금흐름은 반대흐름이어야 한다.
- 현재시점의 현금흐름이 유출이면 미래시점의 현금흐름은 유입이 되어야 하며 그 크기에 따라 투자수익률이 결정된다. 예를 들면 현재시점에서 100이 유출되고 1년 후에 110이 유입된다면 투자수익률은 10%이다.
- 현재시점의 현금흐름이 유입이면 미래시점의 현금흐름은 유출이 되어야 하며 그 크기에 따라 자본비용이 결정된다. 예를 들면 현재시점에서 100이 유입되고 1년 후에 110이 유출된다면 자본비용은 10%이다.

2 Zero-sum game

- 투자자의 투자수익률 = 기업의 자본비용
- 투자자의 투자수익률 : 채권수익률(bond yield), 주식수익률(stock return)
- 자본비용(cost of capital : k) : 기업이 자본을 조달하는 것과 관련하여 부담하는 비용

ex 현재시점에서 투자자가 기업에게 100을 투자하고 1년 후에 110을 받는다면?

	현재시점	1년 후
투자자의 현금흐름	−100	+110
기업의 현금흐름	+100	−110

투자자의 투자수익률 = 10% = 기업의 자본비용

이를 응용하면 다음과 같다.

- 주식 투자자의 수익률 = 기업의 자기자본비용(cost of equity : ke)
- 채권 투자자의 수익률 = 기업의 타인자본비용(cost of debt : kd)

3 High risk-High return

- 위험−수익의 상충관계 : 위험이 큰 증권일수록 투자수익률이 더 커야 한다.
- 주식의 위험이 채권의 위험보다 크기 때문에 주식의 투자수익률이 채권의 투자수익률 보다 더 크다.

이를 응용하면 다음과 같다.

- 주식 투자자의 수익률 〉 채권 투자자의 수익률
- 기업의 자기자본비용(ke) 〉 기업의 타인자본비용(kd)

ex 현재시점에서 투자자가 기업에게 100을 채권투자하고 1년 후에 110을 받고, 100을 주식투자하고 1년 후에 120을 받는다면?

	현재시점	1년 후
채권 투자자의 현금흐름	−100	+110
주식 투자자의 현금흐름	−100	+120
기업의 현금흐름	+200	−230

투자자의 채권 투자수익률 = 10% = 기업의 타인자본비용
투자자의 주식 투자수익률 = 20% = 기업의 자기자본비용
기업의 평균자본비용 = 15%

03 금융시장

1 금융시장의 기능

금융시장(financial market)이란 자금의 공급자와 수요자간에 금융거래가 조직적으로 이루어지는 장소를 말한다. 여기서 장소는 재화시장처럼 특정한 지역이나 건물 등의 구체적 공간뿐 아니라 금융거래가 정보시스템 등에 의해 유기적으로 이루어지는 추상적 공간을 포함한다.

금융거래가 성립되기 위해서는 이를 매개하는 수단이 필요한데 이를 금융상품 또는 금융자산 (financial instruments)이라고 한다. 금융상품은 현재 또는 미래의 현금흐름에 대한 청구권을 나타내는 증서이다. 그 예로는 예금, 채권, 주식 등이 있다.

금융거래는 중개기관의 개입 여부에 따라 직접금융거래와 간접금융거래로 나눈다. 직접금융거래는 자금수요자가 자기명의로 증권을 발행하고 자금공급자가 이를 매입함으로써 자금이 당사자 사이에서 직접 거래되는 형태를 의미한다. 간접금융거래는 은행 등과 같은 금융중개기관을 통하여 자금공급자에게서 자금수요자로 자금이 이전되는 거래이다. 직접금융거래수단으로는 주식, 채권 등이 대표적이며 간접금융거래수단에는 예금, 대출 등이 있다.

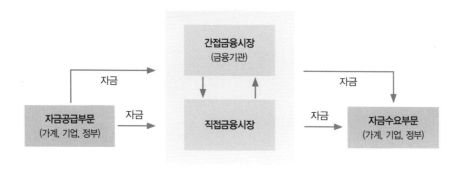

그림 1-3 금융시장과 자금흐름

2 금융시장의 구조

금융시장은 크게 직접금융시장과 간접금융시장으로 나눌 수 있으며 직접금융시장은 다시 거래되는 금융상품의 만기(통상 1년)를 기준으로 단기금융시장과 자본시장으로 구분된다. 금융시장을 거래규칙의 표준화 여부에 따라 장내시장과 장외시장으로, 금융상품의 신규발행 여부에 따라 발행시장과 유통시장으로 구분하기도 한다.

단기금융시장은 통상 만기 1년 이내의 금융상품이 거래되는 시장으로 참가자들이 일시적인 자금수급의 불균형을 조정하는 시장이다. 콜시장, 환매조건부매매시장, 양도성예금증서시장, 기업어음시장, 전자단기사채시장 등이 이에 해당된다.

자본시장은 장기금융시장이라고도 하며 주로 금융기관, 기업 등이 만기 1년 이상의 장기자금을 조달하는 시장으로 주식시장과 채권시장 등이 여기에 속한다.

외환시장은 서로 다른 종류의 통화가 거래되는 시장으로 거래 당사자에 따라 외국환은행간 외환매매가 이루어지는 은행간시장과 은행과 비은행 고객간에 외환매매가 이루어지는 대고객시장으로 구분할 수 있다.

파생금융상품시장은 금융상품의 가격변동위험과 신용위험 등 위험 관리를 위해 고안된 파생금융상품이 거래되는 시장이다. 한국의 파생금융상품시장은 1990년대 중반 이후로는 주가지수 선물 및 옵션, 채권선물 등이 도입되면서 상품의 종류가 다양해지고 거래규모도 크게 확대되고 있다. 파생금융상품을 활용할 경우 각종 금융거래에 따르는 위험을 헤지(hedge)할 수 있을 뿐만 아니라 추가적인 수익도 얻을 수 있지만 레버리지 효과(leverage effect)가 매우 커서 대규모의 손실을 입을 위험성도 있다.

3 주식시장

주식시장은 주식회사의 지분권을 표시하는 유가증권인 주식이 거래되는 시장이다. 주식은 상환 의무가 없고 경영실적에 따라 배당만 하면 되기 때문에 발행기업 입장에서는 매우안정적인 자금조 달수단이 되며 자기자본으로서 기업의 재무구조를 개선시키는 효과가 있다. 또한 투자자 입장에서 는 유용한 자금운용수단이 된다.

주식시장은 기업공개 및 유상증자 등을 통해 주식이 새롭게 공급되는 발행시장과 이미 발행된 주식이 투자자간에 거래되는 유통시장으로 나누어진다.

(1) 발행시장

주식의 발행은 주식회사가 설립자본금을 조달하거나 자본금을 증액할 때 이루어진다. 자본 금 증액을 위한 주식발행에는 금전의 출자를 받아 자본금을 증가시키는 유상증자 이외에 무 상증자, 주식배당 및 전환사채의 주식전환 등이 포함된다. 발행시장은 새로운 주식이 최초로 출시되는 시장이라는 점에서 제1차 시장(primary market)이라고도 한다.

주식의 발행은 기업공개, 유상증자, 무상증자, 주식배당 등 여러 가지 형태로 이루어진다. 기업공개(IPO: Initial Public Offering)란 주식회사가 신규 발행 주식을 다수의 투자자로부터 모집하거나, 이미 발행되어 대주주 등이 소유하고 있는 주식을 매출하여 주식을 분산시키는 것을 말한다.

주식의 발행방식은 주식의 수요자를 선정하는 방법에 따라 공모발행과 사모발행으로 구분 된다. 공모발행(public offering)이란 발행회사가 투자자에 제한을 두지 않고 동일한 가격과 조 건으로 주식을 다수의 투자자(50인 이상)에게 발행하는 방식이다. 사모발행(private placement) 은 발행회사가 특정한 개인 및 법인을 대상으로 주식을 발행하는 방법이다.

직접발행은 발행회사가 자기 명의로 인수위험 등을 부담하고 발행사무도 직접 담당하는 방 식으로 직접모집 또는 자기모집이라고도 한다. 간접발행은 발행회사가 전문적인 지식, 조직 및 경험을 축적하고 있는 금융투자회사를 통해 주식을 발행하는 방식이다. 이 경우 발행회사 는 주식발행과 관련한 위험을 금융투자회사에 부담시키고 그 대가로 수수료를 지급하게 된다.

(2) 유통시장

유통시장은 이미 발행된 주식이 매매되는 시장으로 제2차 시장(secondary market)이라고도 한다. 유통시장은 발행된 주식의 시장성과 환금성을 높여주고 자유경쟁을 통해 공정한 가격을 형성하는 기능을 한다.

우리나라의 주식 유통시장에는 유가증권시장, 코스닥시장, 코넥스시장 및 K-OTC시장이 있다. 이중 유가증권시장, 코스닥시장 및 코넥스시장은 한국거래소에서 개설 · 운영하는 장내시장이며 K-OTC시장은 장외시장이다. 한편 주식이 장내시장에서 매매되기 위해서는 상장이라는 등록 절차를 거쳐야 한다.

4 채권시장

채권이란 일반적으로 정부, 공공기관, 민간기업 등이 비교적 장기로 불특정 다수로부터 거액의 자금을 조달하기 위하여 정해진 이자와 원금의 지급을 약속하면서 발행하는 증권을 말한다. 채권은 매 기간 투자자에게 일정 금액의 이자가 지급된다는 점에서 고정소득증권(fixed-income securities)으로 불린다.

채권의 발행 주체 및 한도는 관련 법률에 의하여 정해진다. 국채의 경우 국회의 동의, 회사채 등은 금융위원회에 증권신고서 제출 등의 절차를 거쳐서 발행된다.

채권시장은 발행시장(또는 1차 시장, primary market)과 유통시장(또는 2차 시장, secondary market)으로 나뉜다. 발행시장은 채권이 자금 수요자에 의해 최초로 발행되는 시장이며 유통시장은 이미 발행된 채권이 투자자들 사이에서 매매되는 시장이다. 채권 투자자는 채권을 발행시장에서 인수하거나 유통시장에서 매입할 수 있다.

SMART

재무관리

입문

Chapter

02

화폐의 시간가치

 01 미래가치(Future Value)

1 미래가치(Future Value)

(1) 미래가치

현재의 100만원을 은행에 예금한다면 1년 후에는 얼마가 될까?

이자율이 10%라고 하면 원금과 이자를 합쳐서 110만원이 된다.

현재 100만원의 1년 후 미래가치 (FV : future value) = 110만원

미래가치를 계산하면서 적용한 이자율 10% = 투자수익률

(2) 단일현금흐름의 미래가치

이자율(R)이 일정한 경우 현재의 원금(P_o)의 n시점의 미래가치(P_n)를 구하면 다음과 같다.

- 단리(simple interest)계산법의 미래가치

$P_n = P_o \times (1 + R \times n)$

단리 : 원금에 대해서만 이자를 계산

- 복리(compounded interest)계산법의 미래가치

$$P_n = P_o \times (1 + R)^n$$

복리 : 원금+이자에 대해서 이자를 계산

- 재무관리에서 미래가치와 현재가치는 모두 복리를 가정하고 계산한다.

(3) 미래가치요소

현재 1원의 n시점의 미래가치를 복리이자요소(CVIF : Compound Value Interest Factor) 또는 미래가치요소 (FVIF : Future Value Interest Factor)라고 하는데 계산의 편의를 위해 이자율과 기간별고 구분해서 미리 산출한 표를 이용한다. (부록 표1 참조)

$$FVIF_{R,\,n} = (1+R)^n$$

(4) The Rule of 72 (72의 법칙)

복리를 전제로 자산이 2배로 늘어가는 데 걸리는 시간을 계산하는 방식

$$72 = (R \times n)$$

- 현금 1,000만원을 연리 10%로 매년 복리계산 몇 년 후에 2,000만원이 될까?
  $72 = 10 \times n \Rightarrow n = 7.2$년
- 10만원을 5년 후에 2배로 만들고 싶다면 몇 % 상품에 투자해야 할까요?
  $72 = R \times 5 \rightarrow R = 14.4\,\%$

(5) 오늘의 1원이 내일의 1원보다 더 가치가 있는 이유는?

1) 시차선호 : 미래의 소비보다도 현재의 소비를 더 선호

2) 자본의 생산성 : 현재의 현금을 가지고 생산기회를 이용가능

3) 미래의 불확실성 : 사람들은 위험을 싫어

예제 – 1

물음 1 은행이자율이 연 8%일 때 은행에 1,000만원을 예금하고 단리로 계산하면 3년 후에 얼마를 받을 수 있을까?

물음 2 은행이자율이 연 8%일 때 은행에 1,000만원을 예금하고 복리로 계산하면 3년 후에 얼마를 받을 수 있을까?

물음 3 은행이자율이 연 8%일 때 은행에 1,000만원을 예금하고 복리로 계산하면 몇 년 후에 원금의 두 배인 2,000만원을 만들 수 있나?

물음 1 단리계산법에 의한 미래가치

$$P_3 = 1,000 \times (1 + 0.08 \times 3) = \underline{1,240만원}$$

물음 2 복리계산법에 의한 미래가치

$$P_3 = 1,000 \times (1.08)3 = 1,260만원$$
$$P_3 = 1,000 \times FVIF(8\%, 3년)$$
$$= 1,000 \times 1.2597 = \underline{1,260만원}$$

물음 3 복리계산법에 의한 미래가치

$$P_3 = 1,000 \times FVIF(8\%, n) = 2,000만원$$
$$\Rightarrow FVIF(8\%, n) = 2.0$$

부록 표1에서 FVIF (8%, n) = 2.0을 찾으면 $\underline{n = 9년}$

72의 법칙을 적용하면 다음과 같다.

$$72 = 8 \times n \Rightarrow n = 9년$$

2 연금의 미래가치

(1) 정상연금

- 연금 (annuity) : 일정기간 동안 매년 말에 동일한 금액을 수령하는 현금흐름

- 매년 말에 C원씩 n년 동안 불입하는 연금의 n시점의 미래가치는 다음과 같다.

$$P_n = C \times (1+R)^{n-1} + (1+R)^{n-2} + \ldots + C \times (1+R)^0$$

등비수열의 합 공식 $S_n = \dfrac{초항 \times (공비^n - 1)}{공비 - 1}$ 에

초항 = C, 공비 = (1+R)을 대입하면 다음과 같다.

$$P_n = C \times \frac{(1+R)^n - 1}{R}$$

(2) 연금의 미래가치요소

매기 말 1원씩 수령하는 연금의 n시점의 미래가치를 연금의 복리이자요소(CVIFA : CVIF for annuity) 또는 연금의 미래가치요소 (FVIFA : FVIF for annuity)라고 하는데 계산의 편의를 위해 이자율과 기간별고 구분해서 미리 산출한 표를 이용한다. (부록 표2 참조)

$$FVIFA_{R,n} = \frac{(1+R)^n - 1}{R}$$

(3) 선불연금의 미래가치

매년 초에 C원씩 n년 동안 불입하는 연금의 n시점의 미래가치는 다음과 같다.

$$P_n = C \times (1+R)^n + C \times (1+R)^{n-1} + \ldots + C \times (1+R)^1$$

선불연금의 미래가치는 정상연금의 미래가치보다 (1+R)만큼 크다.

$$P_n^{선불연금} = P_n^{정상연금} \times (1+R)^1$$

예제 - 2

물음 1 은행이자율이 연 8%일 때 5년 동안 매년 말에 은행에 100만원을 예금하면 5년 후에 얼마를 받을 수 있을까? 5년 동안 총 이자수익은 얼마인가?

물음 2 은행이자율이 연 8%일 때 5년 동안 매년 초에 은행에 100만원을 예금하면 5년 후에 얼마를 받을 수 있을까?

물음 1 정상연금의 미래가치

$$P_5 = \frac{1.08^5 - 1}{0.08} = 587만원$$

$$P_5 = 100 \times \text{FVIFA}(8\%, 5년) = 100 \times 5.8666 = \underline{587만원}$$

총 이자수익 $= 587 - 100 \times 5 = \underline{87만원}$

물음 2 선불연금의 미래가치

$$P_5 = 587 \times (1.08)^1 = \underline{634만원}$$

총 이자수익 $= 634 - 100 \times 5 = \underline{134만원}$

물음 1 KIMCPA는 20년 후에 은퇴할 예정이다. 20년 후 기준으로 은퇴자금이 10억원 필요할 것으로 예상된다면 KIMCPA는 매년 말 저축해야 하는 금액은 얼마인가? 이자율은 연 8%라고 가정한다.

물음 2 KIMCPA는 20년 후에 은퇴할 예정이다. 20년 후 기준으로 은퇴자금이 10억원 필요할 것으로 예상된다면 KIMCPA는 매년 초 저축해야 하는 금액은 얼마인가? 이자율은 연 8%라고 가정한다.

물음 1 정상연금의 미래가치

$$100,000\text{만원} = C \times FVIFA(8\%, 20\text{년})$$
$$= C \times 45.762$$

$\Rightarrow C = \underline{2,185\text{만원}}$

물음 2 선불연금의 미래가치

$$100,000\text{만원} = C \times FVIFA(8\%, 20\text{년}) \times 1.08$$
$$= C \times 45.762 \times 1.08$$

$\Rightarrow C = \underline{2,023\text{만원}}$

02 현재가치(Present Value)

1 단일현금흐름의 현재가치

(1) 현재가치의 공식

이자율(R)이 일정한 경우 n시점의 미래금액(P_n)의 현재가치(P_0)를 구하면 다음과 같다.

$$P_0 = \frac{P_n}{(1+R)^n} = P_n\,(1+R)^{-n}$$

- 할인(discount): 미래의 현금흐름에 대해서 그 현재가치를 구하는 과정
- 할인율(discount rate): 현재가치를 구하는 과정의 이자율

(2) 현재가치요소

n시점의 1원의 현재가치를 현재가치요소 (PVIF : Present Value Interest Factor)라고 하는데 계산의 편의를 위해 이자율과 기간별고 구분해서 미리 산출한 표를 이용한다. (부록 표3 참조)

$$PVIF_{R,\,n} = \frac{1}{(1+R)^n}$$

(3) 현재가치의 결정요인

$$y = f(x_1, x_2, x_3) \longrightarrow P_0 = f(P_n, R, n)$$
$$+ \quad - \quad -$$

다른 조건이 일정하다면

- 할인율(R)이 증가하면 현재가치는 감소
- 기간(n)이 증가하면 현재가치는 감소
- 시간이 경과하면 기간(n)이 감소하므로 현재가치는 증가

물음 1 은행이자율이 연 10%일 때 2년 후의 1,000만원은 현재의 얼마와 동등한가?

물음 2 ㈜ 미래는 자동차를 구입하려고 하는데 대금 지급방법이 다음 두 가지가 있다.

(방법1) 오늘 3,000만원을 현금으로 지급

(방법2) 1년 후 1,500만원, 2년 후 2,000만원을 지급

할인율이 연 8%이라고 가정할 때 어떤 방법이 더 유리한가?

물음 1 단일현금흐름의 미래가치

$$P_0 = \frac{1,000}{1.10^2} = \underline{826만원}$$

$$P_0 = 1,000 \times \text{PVIF}(10\%,\ 2년)$$

$$= 1,000 \times 0.8265 = \underline{826만원}$$

물음 2 단일현금흐름의 미래가치

방법2의 현재가치

$$P_0 = \frac{1,500}{1.08^1} + \frac{2,000}{1.08^2} = 3,104만원$$

$$P_0 = 1,500 \times \text{PVIF}(8\%,\ 1년) + 2,000 \times \text{PVIF}(8\%,\ 2년)$$

$$= 1,500 \times 0.9259 + 2,000 \times 0.8573 = 3,104만원$$

∴ 방법1이 방법2보다 104만원 더 유리하다.

2 연금의 현재가치

(1) 정상연금의 현재가치

- 매년 말에 C원씩 n년 동안 불입하는 연금의 현재가치는 다음과 같다.

$$P_0 = \frac{C}{(1+R)^1} + \frac{C}{(1+R)^2} + ... + \frac{C}{(1+R)^n} = \sum_{t=1}^{n} \frac{C}{(1+R)^t}$$

$$P_o = \frac{P_n}{(1+R)^n} = C \times \frac{(1+R)^n - 1}{R \times (1+R)^n}$$

(2) 연금의 현재가치요소

매기 말 1원씩 수령하는 연금의 n시점의 현재가치를 연금의 현재가치요소 (PVIFA : PVIF for annuity)라고 하는데 계산의 편의를 위해 이자율과 기간별고 구분해서 미리 산출한 표를 이용한다. (부록 표4 참조)

$$PVIFA_{R,n} = \frac{(1+R)^n - 1}{R \times (1+R)^n} = \sum_{t=1}^{n} \frac{1}{(1+R)^t}$$

(3) 선불연금의 현재가치

매년 초에 C원씩 n년 동안 불입하는 연금의 현재가치는 다음과 같다.

$$P_0 = \frac{C}{(1+R)^0} + \frac{C}{(1+R)^1} + ... + \frac{C}{(1+R)^{n-1}} = \sum_{t=1}^{n} \frac{C}{(1+R)^{t-1}}$$

선불연금의 현재가치는 정상연금의 현재가치보다 (1+R)만큼 크다.

$$P_0^{\text{선불연금}} = P_0^{\text{정상연금}} \times (1+R)$$

물음 1 연 8%일 때 5년 동안 매년 말에 리스료를 100만원씩 수령하려는 리스자산의 현재가치는 얼마인가? 또한 매년 초에 수령하는 리스자산의 가치는 얼마인가?

물음 2 KIMCPA는 5년, 6년, 7년 후에 각각 2,000만원이 필요하다. 이를 위하여 오늘 예금해야 하는 금액은 얼마인가? 적정 이자율은 9%이다.

물음 3 KIMCPA는 모기지 대출을 받아 10억원 상당의 아파트를 구입하려고 한다. 3억원을 아파트 구입 시 현금으로 지불하고 남은 금액을 20년 만기 연 8%의 이자율로 대출받을 예정이다. 아파트 구입 후 1년 후부터 매년 지불해야 하는 금액은 얼마인가?

물음 1 연금의 현재가치

정상연금의 현재가치 :

$P_0 = 100 \times$ PVIFA (8%, 5년)

$\quad = 100 \times 3.9927 = \underline{399만원}$

선불연금의 현재가치 :

$P_0 = 100 \times 3.9927 \times 1.08 = \underline{431만원}$

물음 2 연금의 현재가치

$P_0 = 2,000 \times$ PVIFA (9%, 3년) $\times$ PVIF (9%, 4년)

$\quad = 2,000 \times 2.5313 \times 0.7084 = \underline{3,586만원}$

물음 3 단일현금흐름과 연금의 현재가치

$100,000 = 30,000 + C \times$ PVIFA (8%, 20년)

$\quad\quad\quad = 30,000 + C \times 9.8182$

$\quad \Rightarrow C = \underline{7,130만원}$

예제 – 6

물음 1 KIMCPA가 발행한 채권은 액면금액이 100,000원이고 액면이자율이 8%, 만기까지는 5년 남아있다. 이자는 연 1회 지급된다고 할 때 이 채권의 가격은 얼마인가? 이 채권에 대한 할인율은 10%이다.

물음 2 KIMCPA가 발행한 채권은 액면금액이 100,000원이고 액면이자율이 8%, 만기까지는 5년 남아있다. 이자는 연 1회 지급된다고 할 때 이 채권의 가격은 얼마인가? 이 채권에 대한 할인율은 8%이다.

물음 3 KIMCPA가 발행한 채권은 액면금액이 100,000원이고 액면이자율이 8%, 만기까지는 5년 남아있다. 이자는 연 1회 지급된다고 할 때 이 채권의 가격은 얼마인가? 이 채권에 대한 할인율은 6%이다.

물음 4 물음1의 채권은 1년이 경과하면 채권가격은 얼마인가? 이 채권에 대한 할인율은 1년 후에도 10%라고 가정한다.

물음 5 물음1의 채권은 1년이 경과하면 채권가격은 얼마인가? 이 채권에 대한 할인율은 1년 후에는 9%로 변하였다고 가정한다.

물음 1 채권의 현재가치

연간 액면이자 = $100{,}000 \times 8\% = 8{,}000$원

$P_0 = 8{,}000 \times$ PVIFA (10%, 5년) $+ 100{,}000 \times$ PVIF (10%, 5년)

$= 8{,}000 \times 3.79079 + 100{,}000 \times 0.62092 = \underline{92{,}418원}$

⇨ 이 채권은 액면금액보다 7,582원 낮게 발행되었다. (할인발행)

⇨ 이자율 10%는 채권발행자 입장에서는 타인자본비용이며, 채권투자자 입장에서는 채권투자수익률이 된다.

물음 2 채권의 현재가치

$P_0 = 8,000 \times$ PVIFA (8%, 5년) $+ 100,000 \times$ PVIF (8%, 5년)

$= 8,000 \times 3.99271 + 100,000 \times 0.68058 = \underline{100,000}$원

⇨ 이 채권은 액면금액과 동일하게 발행되었다. (액면발행)

물음 3 채권의 현재가치

$P_0 = 8,000 \times$ PVIFA (6%, 5년) $+ 100,000 \times$ PVIF (6%, 5년)

$= 8,000 \times 4.21236 + 100,000 \times 0.74726 = \underline{108,425}$원

⇨ 이 채권은 액면금액보다 8,425원 높게 발행되었다. (할증발행)

물음 4 채권의 현재가치

$P_0 = 8,000 \times$ PVIFA (10%, 4년) $+ 100,000 \times$ PVIF (10%, 4년)

$= 8,000 \times 3.16987 + 100,000 \times 0.68301 = \underline{93,660}$원

⇨ 93,660원을 IFRS에서는 금융상품의 상각후원가라고 한다.

물음 5 채권의 현재가치

$P_0 = 8,000 \times$ PVIFA (9%, 4년) $+ 100,000 \times$ PVIF (9%, 4년)

$= 8,000 \times 3.23972 + 100,000 \times 0.70843 = \underline{96,761}$원

⇨ 96,760원을 IFRS에서는 금융상품의 공정가치라고 한다.

예제 - 7

물음 1 (주)미래리스는 리스이용자와 공정가치 10억원의 리스자산에 대하여 리스계약을 체결하였다. 리스료는 5년간 매년 말에 지급되며 리스기간이 종료된 후에 리스자산은 반환된다. 반환 시 잔존가치는 2억원으로 예상된다면 매년 말 리스료는 얼마를 수령하여야 하는가? 단, (주)미래리스의 내재이자율은 10%이다.

물음 2 (주)미래리스는 리스이용자와 공정가치 10억원의 리스자산에 대하여 리스계약을 체결하였다. 리스료는 5년간 매년 초에 지급되며 리스기간이 종료된 후에 리스자산은 반환된다. 반환 시 잔존가치는 2억원으로 예상된다면 매년 초 리스료는 얼마를 수령하여야 하는가? 단, (주)미래리스의 내재이자율은 10%이다.

물음 1 정상연금 리스료

$100,000 = C \times PVIFA\ (10\%,\ 5년) + 20,000 \times PVIF\ (10\%,\ 5년)$

$\qquad = C \times 3.7908 + 20,000 \times 0.6209$

$\Rightarrow C = \underline{23,104만원}$

물음 2 선불연금 리스료

$100,000 = C \times PVIFA\ (10\%,\ 5년) \times 1.10 + 20,000 \times PVIF\ (10\%,\ 5년)$

$\qquad = C \times 3.7908 \times 1.10 + 20,000 \times 0.6209$

$\Rightarrow C = \underline{21,003만원}$

3 특수한 현금흐름의 현재가치

(1) 영구연금 (perpetuity)

- 영구연금이란 매기간 일정금액을 영속적으로 지급하는 현금흐름을 말한다.
- 영구채 : 원금을 상환하지 않고 일정 이자만을 영구히 지급하는 채권
- 매년 말에 C원씩 무한히 지급되는 연금의 현재가치는 다음과 같다.

$$P_0 = \lim_{n \to \infty}(C \times [\frac{1}{R} - \frac{1}{R(1+R)^n}])$$

$$P_0 = \frac{C}{R}$$

(2) 고정성장 영구연금(growing perpetuity)

- 현금흐름이 영구적으로 발생하면서, 매기간 발생하는 현금이 일정한 성장률로 증가
- 영구연금 중에서 매년 말 수령액이 일정한 비율(g)로 증가하는 연금의 현재가치는 다음과 같다.

$$P_0 = \frac{C}{1+R} + \frac{C(1+g)}{(1+R)^2} + \frac{C(1+g)^2}{(1+R)^3} + \cdots + \frac{C(1+g)^{\infty-1}}{(1+R)^\infty}$$

초항 $= \dfrac{C}{1+R}$, 공비 $= \dfrac{1+g}{(1+R)}$ 을 대입 $\rightarrow P_0 = \dfrac{\dfrac{C}{1+R}}{1 - \dfrac{1+g}{1+R}}$

$$P_0 = \frac{C}{R-g}$$

※ 이 공식을 적용할 때 주의하여야 할 사항은 현금흐름이 시점1부터 발생하고 이 금액이 시점2부터 일정률로 성장하는 경우에 적용된다는 것이다.

예제 - 8

물음 1 (주)미래의 주식을 보유하면 매년 6,000원의 배당금을 받게 된다. 이 주식의 균형가격은 얼마인가? 단, 할인율은 12%이다. 만약 배당금이 매년 2%씩 증가한다면 균형주가는 얼마가 되는가?

물음 2 이자율이 5%일 때, 1년 후부터 매년 3억 원의 장학금을 영구히 지급하고자 하는 장학재단은 현 시점에서 얼마의 기금을 조성해야 하는가?

물음 3 이자율이 5%일 때, 3년 후부터 매년 3억 원의 장학금을 영구히 지급하고자 하는 장학재단은 현 시점에서 얼마의 기금을 조성해야 하는가?

물음 4 물음2에서 장학재단이 매년 연평균 물가상승률 2%만큼 증액하여 지급한다면 현 시점에서 얼마의 기금을 조성해야 하는가?

물음 1 주식의 균형가격

영구연금인 경우 : $P_0 = 6,000 \div 0.12 = \underline{50,000원}$

고정성장 영구연금인 경우 : $P_0 = 6,000 \div (0.12 - 0.02) = \underline{60,000원}$

물음 2 영구연금

$P_0 = 3억 \div 0.05 = \underline{60억}$

물음 3 영구연금

$P_2 = 3억 \div 0.05 = \underline{60억}$

$P_0 = \dfrac{60}{(1.05)^2} = \underline{54.42억}$

물음 4 고정성장 영구연금

$P_0 = 3억 \div (0.05 - 0.02) = \underline{100억}$

03 대출유형과 상환방법

기업이 금융기관으로부터 자금을 조달하는 경우 상환하는 방법에는 다음과 같은 2가지 방식이 있다.

- 이자지급대출(interest-only loan)
- 분할상환대출(amortizing loan)

1 이자지급대출(interest-only loan)

매 기간마다. 이자를 지급하고 원금은 만기에 일시불로 상환하는 방법

(1) 액면발행

KIMCPA가 발행한 채권은 액면금액이 100,000원이고 액면이자율이 8%, 만기까지는 5년 남아있다. 이자는 연 1회 지급되며, 이 채권에 대한 할인율은 8%이다.

채권의 현재가치 = 100,000원 (예제6 참고)

연도	A 기초금액	B 유효이자	C 액면이자	D 원금증가	E 기말잔액
1	100,000	8,000	8,000	-	100,000
2	100,000	8,000	8,000	-	100,000
3	100,000	8,000	8,000	-	100,000
4	100,000	8,000	8,000	-	100,000
5	100,000	8,000	8,000	-	100,000
합계		40,000	40,000	-	

B1 = A1 × 8%, C1= 8000, D1 = C1 − B1, E1 = A1 + D1, A2 = E1

(2) 할인발행

KIMCPA가 발행한 채권은 액면금액이 100,000원이고 액면이자율이 8%, 만기까지는 5년 남아있다. 이자는 연 1회 지급되며, 이 채권에 대한 할인율은 10%이다.

채권의 현재가치 = 92,418원 (예제6 참고)

	A	B	C	D	E
연도	기초금액	유효이자	액면이자	원금증가	기말잔액
1	92,418	9,242	8,000	1,242	93,660
2	93,660	9,366	8,000	1,366	95,026
3	95,026	9,503	8,000	1,503	96,528
4	96,528	9,653	8,000	1,653	98,181
5	98,181	9,818	8,000	1,819	100,000
합계		47,581	40,000	7,582	

B1 = A1 × 10%, C1 = 8000, D1 = C1 − B1, E1 = A1 + D1, A2 = E1

※ IFRS : D = 사채할인발행차금의 상각

(3) 할증발행

KIMCPA가 발행한 채권은 액면금액이 100,000원이고 액면이자율이 8%, 만기까지는 5년 남아있다. 이자는 연 1회 지급되며, 이 채권에 대한 할인율은 6%이다.

채권의 현재가치 = 108,425원 (예제6 참고)

	A	B	C	D	E
연도	기초금액	유효이자	액면이자	상환원금	기말잔액
1	108,425	6,506	8,000	− 1,495	106,931
2	106,931	6,416	8,000	− 1,584	105,346
3	105,346	6,321	8,000	− 1,679	103,667
4	103,667	6,220	8,000	− 1,780	101,887
5	101,887	6,113	8,000	− 1,887	100,000
합계		31,575	40,000	− 8,425	

B1 = A1 × 6%, C1 = 8000, D1 = C1 − B1, E1 = A1 + D1, A2 = E1

※ IFRS : D = 사채할증발행차금의 상각

2 분할상환대출(amortizing loan)

원금의 일부를 차입기간 동안 분할상환하는 방식이며 다음 두 가지 방법이 있다.
- 매 기간마다 원금의 일정비율에 이자를 더한 금액을 상환하는 방법
- 매 기간마다 일정금액을 상환하는 방법

(1) 원금균등분할상환

KIMCPA는 5,000만원을 5년 만기로 차입하고 매년 원금 1,000만원과 10%의 이자율에 해당되는 이자를 지급하기로 하였다. 현재 시장이자율은 10%이다.

연도	A 기초금액	B 지급액	C 이자금액	D 상환원금	E 기말잔액
1	5,000	1,500	500	1,000	4,000
2	4,000	1,400	400	1,000	3,000
3	3,000	1,300	300	1,000	2,000
4	2,000	1,200	200	1,000	1,000
5	1,000	1,100	100	1,000	0
합계		6,500	1,500	5,000	

B1= C1 + D1, C1 = A1 × 10%, D1 = 1,000, E1 = A1 −D1, A2 = E1

(2) 원리금균등분할상환

KIMCPA는 5,000만원을 5년 만기로 차입하고 10%의 이자율에 해당되는 이자를 포함하여 매년 동일한 금액을 상환하기로 하였다. 현재 시장이자율은 10%이다.

5,000 = C × PVIFA (10%, 5년) = C × 3.7908

매년 원리금균등상환액 = C = 1,319만원

연도	A 기초금액	B 지급액	C 이자금액	D 상환원금	E 기말잔액
1	5,000	1,319	500	819	4,181
2	4,181	1,319	418	901	3,280
3	3,280	1,319	328	991	2,289
4	2,289	1,319	229	1,090	1,199
5	1,199	1,319	120	1,199	0
합계		6,595	1,595	5,000	

B1= 1,319, C1 = A1 × 10%, D1 = B1− C1, E1 = A1 −D1, A2 = E1

물음 1 (주)미래는 액면금액 300,000원인 사채(표시이자율 10%, 이자지급일 매년 12월31일, 만기3년, 사채권면의 발행일 20X1년 1월1일)를 20X1년 1월1일에 발행하였다. 사채발행당시의 유효이자율은 12%이었다. (주)미래는 20X3년 1월1일 현금 105,000원을 지급하고 사채액면 100,000원을 매입상환하였다. 사채상환손익은 얼마인가?
(CPA 2002 회계학 응용)

물음 2 (주)미래는 20X1년 1월1일에 액면금액 1,200,000원, 표시이자율 연5%, 매년 말 이자를 지급하는 조건의 사채 (매년 말 액면 400,000원씩 상환)를 발행하였다. 사채발행당시의 유효이자율은 6%인 경우, 20X1년 12월31일 사채의 장부금액은 얼마인가?
(CTA 2016 회계학)

물음 1 이자지급대출

액면금액 100,000원 채권의 현재가격

$P_0 = 10{,}000 \times \text{PVIFA}\,(12\%,\ 3년) + 100{,}000 \times \text{PVIF}\,(12\%,\ 3년)$

$\quad = 10{,}000 \times 2.40183 + 100{,}000 \times 0.71178 = 95{,}196원$

연도	A 기초금액	B 유효이자	C 액면이자	D 원금증가	E 기말잔액
1	95,196	11,424	10,000	1,424	96,620
2	96,620	11,594	10,000	1,594	98,214
3	98,214	11,786	10,000	1,786	100,000
합계		34,804	30,000	4,804	

20X3년 1월1일 사채의 장부금액 = 98,214

사채상환손실 = 105,000 − 98,214 = <u>6,786원</u>

※ 20X3년 1월1일 사채의 장부금액은 다음과 같이 구할 수도 있다.

$$P_2 = \frac{110{,}000}{(1.12)^1} = 98{,}214$$

물음 2 분할상환대출

1차연도 말의 현금 = 1,200,000 × 5% + 400,000 = 460,000

2차연도 말의 현금 = 800,000 × 5% + 400,000 = 440,000

3차연도 말의 현금 = 400,000 × 5% + 400,000 = 420,000

20X1년 12월31일 사채의 장부금액

$$P_1 = \frac{440,000}{(1.06)^1} + \frac{420,000}{(1.06)^2} = \underline{788,893원}$$

04 **이자계산횟수의 변경**

1 실효이자율

금융상품은 이자를 연단위로 계산하지 않고 3개월 또는 6개월 계산할 수 있다.
하지만 금융시장에서는 이자율을 연이자율로 제시한다.

1기간에 2회 이상 이자계산이 행해질 때

- 실효이자율(effective rate, R_e)
  : 1기간 내에서 이자의 재투자효과를 고려한 이자율

- 표면이자율(stated rate, R_s)
  : 1기간 내에서 이자의 재투자효과를 고려하지 않은 이자율

Q. 오늘 은행에 100만원을 예금하고 6개월 후에 105만원을 받는다면 연이자율은 얼마인가?

- 6개월 이자율 : r = 5%

- 표면이자율(R_s) = m × r = 2 × 5% = 10%

- 실효이자율(R_e) = $(1+r)^m - 1 = (1.05)^2 - 1 = 10.25\%$

1기간에 2회 이상 이자계산이 행해질 때 실효이자율이 항상 표면이자율보다 더 크다.
⇨ 이자계산횟수가 많다는 것은 그만큼 이자의 재투자기회가 많다는 것을 의미하기 때문

금융시장에서 제시하는 연이자율은 표면이자율이므로 재무관리의 의사결정을 위하여 다음 식에
의하여 표면이자율을 실효이자율로 바꾸어야 한다.

$$(1 + R_e) = (1 + \frac{R_s}{m})^m$$

Q. 금융상품의 연이자율은 8%이다. 이자계산횟수가 연1회, 2회, 4회인 경우 실효이자율은 각각 얼마인가?

- 연1회 : 실효이자율$(R_e)= (1 + \dfrac{0.08}{1})^1 - 1 = 8\%$

- 연2회 : 실효이자율$(R_e) = (1 + \dfrac{0.08}{2})^2 - 1 = 8.16\%$

- 연4회 : 실효이자율$(R_e) = (1 + \dfrac{0.08}{4})^4 - 1 = 8.24\%$

2 미래가치

(1) 미래가치의 계산

이자를 연 m회 지급하는 경우 n년 후의 미래가치를 계산하면 다음과 같다.

$$P_n = P_0 \times (1+\frac{R}{m})^{mn}$$

(2) Time table 이용

1) 일시불 : $P_n = P_0 \times FVIF(\dfrac{R_S}{m}, mn)$

2) 연금　 : $P_n = C \times FVIFA(\dfrac{R_S}{m}, mn)$

Q. 현재 원금 10,000원에 대한 연이자율은 8%이다. 이자계산횟수가 연2회인 경우 3년 후의 가치는 얼마인가?

$P_3 = 10,000 \times (1 + \dfrac{0.08}{2})^{2 \times 3} = 12,653$원

$P_3 = 10,000 \times FVIF\,(4\%,\ 6) = 10,000 \times 1.2653 = 12,653$원

3 현재가치

(1) 현재가치의 계산

이자를 연 m회 지급하는 경우 n년 후의 현재가치를 계산하면 다음과 같다.

$$P_0 = P_n \div (1 + \frac{R}{m})^{mn}$$

(2) Time table 이용

1) 일시불 : $P_o = P_n \times PVIF(\frac{R_S}{m}, mn)$

2) 연금   : $P_o = C \times PVIFA(\frac{R_S}{m}, mn)$

Q. 이자계산횟수가 2회이며, 시장이자율이 10%인 경우 3년 후 1억원을 지급하는 금융상품의 현재가치는 얼마인가?

$P_0 = 10,000 \div (1 + \frac{0.10}{2})^{2 \times 3} = 7,462$만원

$P_o = 10,000 \times PVIF\ (5\%,\ 6) = 10,000 \times 0.7462 = 7,462$만원

Q. 시장이자율이 10%인 경우 6개월 단위로 1,000만원씩 3년 동안 지급하는 금융상품의 현재가치는 얼마인가?

$P_o = 1,000 \times PVIFA\ (5\%,\ 6) = 10,000 \times 5.0757 = 5,076$만원

예제 - 10

물음 1 (주)미래는 액면금액 100,000원인 회사채(표시이자율 8%, 이자지급일 매년 6월30일과 12월31일 연2회 지급, 만기 20X2년 12월31일)를 20X1년 1월1일에 발행하였다. 회사채에 적용된 시장이자율이 연 10%이면 사채 발행금액은 얼마인가?

물음 2 B채권은 만기가 5년이며 액면이자율이 6.2%이고 분기별로 이자를 지급한다. 현재 이 채권은 액면가와 동일한 가격으로 거래되고 있다. 이 채권에 대한 실효이자율(effective rate of interest)은 얼마인가? (CPA 재무관리)

물음 1 이자계산횟수가 연2회인 경우

액면금액 100,000원 채권의 현재가격

P_0 = 4,000 × PVIFA (5%, 4년) + 100,000 × PVIF (5%, 4년)

= 4,000 × 3.5459 + 100,000 × 0.8227 = <u>96,454원</u>

연도	A 기초금액	B 유효이자	C 액면이자	D 원금증가	E 기말잔액
1	96,454	4,823	4,000	823	97,277
2	97,277	4,864	4,000	864	98,141
3	98,141	4,907	4,000	907	99,048
4	99,048	4,952	4,000	952	100,000
합계		19,546	16,000	3,546	

물음 2 이자계산횟수가 연4회인 경우

실효이자율(R_e) = $(1 + \dfrac{0.062}{4})^4 - 1$ = <u>6.34%</u>

문제 1

다음 세 가지 경품의 현재가치를 할인율 10%를 적용하여 계산하였더니 모두 100원으로 동일하게 나타났다. (CPA 2006)

> 경품 1 : 현재부터 W원을 매년 영구히 받는다.
> 경품 2 : 1년 후에 상금 X원을 받는다.
> 경품 3 : 1년 후에 상금 Y원, 2년 후에 상금 X원을 받는다.

변수 W, X, Y에 관한 다음 관계식 중 옳지 않은 것은?

① $100 < X+Y$ ② $X > Y$ ③ $W < 10$ ④ $Y < 10$ ⑤ $Y > W$

(1) 경품 1
  경품1은 선불연금이므로 현재가치는 영구연금의 현재가치에 W를 더한다.

$$100 = W + \frac{W}{R} \Rightarrow W = \underline{9.09}$$

(2) 경품 2

$$100 = \frac{X}{(1.1)^1} \Rightarrow X = \underline{110원}$$

(3) 경품 3

$$100 = \frac{Y}{(1.1)^1} + \frac{X}{(1.1)^2} \Rightarrow Y = \underline{10원}$$

정답 4

문제 2

동일한 횟수의 연금을 기초에 받는 경우(선불연금 : annuity due)와 기말에 받는 경우(일반연금 : ordinary annuity)에 대한 설명으로 가장 적절한 것은?
(단, 이자율은 0보다 크고 일정하며, 복리계산은 연 단위로 이루어진다고 가정한다.) (CPA 2010)

① 현재가치와 미래가치 모두 선불연금은 일반연금에 (1+이자율)을 곱해서 얻을 수 있다.

② 현재가치와 미래가치 모두 일반연금은 선불연금에 (1+이자율)을 곱해서 얻을 수 있다.

③ 현재가치의 경우 선불연금은 일반연금에 (1+이자율)을 곱해서, 미래가치의 경우 일반연금은 선불연금에 (1+이자율)을 곱해서 얻을 수 있다.

④ 현재가치의 경우 일반연금은 선불연금에 (1+이자율)을 곱해서, 미래가치의 경우 선불연금은 일반연금에 (1+이자율)을 곱해서 얻을 수 있다.

⑤ 현재가치와 미래가치 계산에 있어 선불연금과 일반연금 중 어느 연금이 클 것인가는 이자율에 따라 달라진다.

선불연금의 현재가치 = 정상연금의 현재가치 × (1 + 이자율)
선불연금의 미래가치 = 정상연금의 미래가치 × (1 + 이자율)

정답 1

올해로 31세가 된 투자자 A는 32세말(t = 2)부터 매 1년마다 납입하는 4년 만기의 정기적금 가입을 고려하고 있다(즉, t = 2~5 기간에 4회 납입). 투자자 A는 36세말(t = 6)부터 40세말(t = 10)까지 매년 3,000만원이 필요하다. 이자율과 할인율이 연 10%일 때, 투자자 A가 32세말부터 4년간 매년 말에 납입해야 할 금액에 가장 가까운 것은?
단, PVFA(10%, 4년) = 3.1699, PVFA(10%, 5년) = 3.7908, PVF(10%, 5년) = 0.6209이다.
(CPA 2015)

① 2,450만원   ② 2,475만원   ③ 2,500만원   ④ 2,525만원   ⑤ 2,550만원

(1) 36세말(t=6)부터 40세말(t=10)까지 매년3,000만원의 현재가치(31세초 시점)

P_0 = 3,000만원 × 3.7908 × 0.6209 = 7,061만원

(2) 32세말(t=2)부터 매1년마다 납입하는 4년 만기의 정기적금의 현재가치

납입액 = C라고 하면

P_0 = C × 3.1699 ÷ 1.10

(1)과 (2)가 일치하여야하므로

7,061만원 = C × 3.1699 ÷ 1.10 → C = 2,450만원

정답 1

문제 4

이자율과 할인율이 연 10%로 일정할 때 아래의 세 가지 금액의 크기 순서로 가장 적절한 것은?
(단, PVIFA(10%, 6)=4.3553, FVIFA(10%, 6)=7.7156) (CPA 2016)

A: 5차년도부터 10차년도까지 매년 말 255원씩 받는 연금의 현재가치

B: 5차년도부터 10차년도까지 매년 말 96원씩 받는 연금의 10차년도 말 시점에서의 미래가치

C: 3차년도 말에서 45원을 받고 이후 매년 말마다 전년 대비 5%씩 수령액이 증가하는 성장형 영구연금의 현재가치

① A>B>C   ② A>C>B   ③ B>C>A   ④ C>A>B   ⑤ C>B>A

(1) 현재가치 A

$$P_0 = \frac{255 \times 4.3553}{1.10^4} = \underline{758.6}$$

(2) 미래가치 B

$$P_5 = 96 \times 7.7156 = \underline{740.7}$$

(3) 현재가치 C

$$P_0 = \frac{\frac{45}{0.10 - 0.05}}{1.10^2} = \underline{743.8}$$

정답 2

김씨는 2017년 1월 1일에 원리금 균등분할상환 조건으로 100,000원을 차입하였다. 원리금은 매년말 1회 상환하며 만기는 5년이다. 이자율은 연 4%이고, 당해 발생이자는 당해에 지급된다. 다음 중 가장 적절하지 않은 것은? (CPA 2018)
(단, PVIFA(4%, 5)=4.4518이며, 모든 금액은 반올림하여 원단위로 표시한다.)

① 매년 원리금상환액은 22,463원이다.
② 2018년 1월 1일 기준 차입금 잔액은 81,537원이다.
③ 2018년 원리금상환액 중 원금상환액은 19,202원이다.
④ 2019년 원리금상환액 중 이자지급액은 1,880원이다.
⑤ 매년 원리금상환액 중 원금상환액이 차지하는 부분은 만기가 다가올수록 커진다.

(1) 원리금 균등분할상환금액
   $100,000 = C \times 4.4518 \Rightarrow C = 22,463$

(2) 2018년 1월 1일 기준 차입금 잔액
   $100,000 - (22,463 - 100,000 \times 4\%) = 81,537$원

(3) 2018년 원금 상환액
   $22,463 - 81,537 \times 4\% = 19,202$원

(4) 2019년 이자지급액
   2019년 1월 1일 기준 차입금 잔액 = $81,537 - 19,202 = 62,335$원
   2019년 이자지급액 = $62,335 \times 4\% = \underline{2,493}$원

정답 4

문제 6

할인율이 연 10%로 일정할 때, 주어진 현가표를 참조하여 계산한 세 가지 금액 a, b, c의 크기 순서로 가장 적절한 것은? (단, 현재시점은 1차년도 1월 1일이다.) (CPA 2018)

구분	n=3	n=4	n=5	n=6	n=7
PVIF(10%, n)	0.7513	0.6830	0.6209	0.5646	0.5132
PVIFA(10%, n)	2.4869	3.1699	3.7908	4.3553	4.8684

> a. 현재 3,200원을 대출받고 1차년도부터 매년말 800원씩 갚아 나가면 상환 마지막 해 말에는 800원보다 적은 금액을 갚게 된다. 상환 마지막 해 말에 갚아야 하는 금액
> b. 4차년도부터 8차년도까지 매년말 110원씩 받는 연금의 현재가치
> c. 1차년도부터 5차년도까지 매년초 70원씩 받는 연금의 현재가치

① a > b > c   ② a > c > b   ③ b > a > c   ④ b > c > a   ⑤ c > b > a

(1) 상환금액 A

$$3200 = \sum_{t=1}^{5} \frac{800}{1.10^t} + \frac{A}{1.10^6}$$

3,200원 = 3.7908 × 800원 + 0.5645 × A → A = 296원

(2) 현재가치 B

$$B = \sum_{t=4}^{8} \frac{110}{1.10^t} = \sum_{t=1}^{5} \frac{110}{1.10^t} \times \frac{1}{1.10^3}$$

B = 110원 × 3.7908 × 0.7513 = 313원

(3) 현재가치 C

$$C = \sum_{t=0}^{4} \frac{70}{1.10^t} = \sum_{t=1}^{5} \frac{700}{1.10^t} \times 1.10^1$$

C = 70원 × 3.7908 × 1.10 = 292원

정답 3

(주)날개는 20X1년 1월 1일 시장이자율이 연9%일 액면금액이 10,000원이고 이자는 매년말 후급, 만기가 3년인 회사채를 9,241원에 할인 발행하였다. 이 회사채의 20X2년 1월1일 장부금액이 9,473원이라면 이 회사채의 표시이자율은 얼마인가? (CTA 회계 2002)

① 5.8%　　　　　② 6%　　　　　③ 6.2%　　　　　④ 6.5%　　　　　⑤ 7%

유효이자 = 9,241 × 9% = 832
상각액 = 9,473 − 9,241 = 232
액면이자 = 832 − 232 = 600
액면이자율 = 600 ÷ 10,000원 = 6%

time table을 이용하면 다음과 같이 구할 수 있다.
9,473원 = 액면이자 × PVIFA (9%, 2년) + 10,000원 × PVIF (9%, 2년)
　　　　 = 액면이자 × 1.7591 + 10,000 × 0.8417
⇨ 액면이자 = 600원

정답 **2**

문제 8

서울회사는 20X1년 1월 1일에 액면금액이 100,000원의 사채 (표시이자율 10%, 만기 3년)를 95,200원에 발행하였다. 발행사채의 유효이자율이 12%인 경우 서울회사가 이 사채로 인하여 만기까지 부담해야 할 총 이자비용은 얼마인가? (CTA 회계 2004)

① 30,000   ② 32,000   ③ 34,800   ④ 45,000   ⑤ 36,000

총이자비용 = 현금유출액 − 현금유입액

= 100,000 + 100,000 × 10% × 3 − 95,200

= 34,800원

정답 3

(주)한국은 다음의 사채를 20X1년 7월 1일에 구입하여 상각후원가 측정 금융자산으로 분류하였다.

- 액면금액 : 500,000원
- 표시이자율 : 연 10%
- 이자지급일 : 6월30일, 12월31일 (연2회)
- 사채발행일 : 20X1년 1월1일
- 사채만기일 : 20X2년 12월31일

사채구입당시 시장이자율이 연12%인 경우 20X1년 12월31일에 (주)한국이 인식하는 이자수익과 상각후원가 측정 금융자산의 장부금액은 얼마인가? (부록의 time table을 이용하시오.)

(2006 CPA 회계)

이자계산횟수가 연2회인 경우

1회 이자지급액 = 500,000원 × 10% × 1/2 = 25,000원

취득시점의 채권의 가격

$$P_0 = 25,000 \times PVIFA\,(6\%,\ 3) + 500,000 \times PVIF\,(6\%,\ 3)$$
$$= 25,000 \times 2.67301 + 500,000 \times 0.83962 = 486,635원$$

이자수익 = 486,635 × 6% = <u>29,198원</u>

상각액 = 29,198 − 25,000 = 4,198

상각후원가 장부금액 = 486,635 + 4,198 = <u>490,833원</u>

20X1년 12월31일의 상각후원가는 다음과 같이 구할 수 있다.

$$P_1 = 25,000 \times PVIFA\,(6\%,\ 2) + 500,000 \times PVIF\,(6\%,\ 2)$$
$$= 25,000 \times 1.83339 + 500,000 \times 0.89000 = \underline{490,833원}$$

문제 10

(주)태양은 다음의 사채를 20X1년 1월 1일에 구입하여 FV-OCI 측정 금융자산으로 분류하였다.

- 액면금액 : 1,000,000원
- 표시이자율 : 연 5%
- 이자지급일 : 12월31일(연1회)
- 사채발행일 : 20X1년 1월1일
- 사채만기일 : 20X3년 12월31일
- 취득당시의 유효이자율 : 연8%

(주)태양의 결산일인 20X1년 12월 31일 현재 이 채권의 시장이자율이 연7%일 경우 (주)태양이 인식하는 이자수익과 FV-OCI 측정 금융자산평가손익은 각각 얼마인가?
(부록의 time table을 이용하시오) (2011 CTA 회계 응용)

1회 이자지급액 = 1,000,000원 × 5% = 50,000원

취득시점의 채권의 가격

P_0 = 50,000 × PVIFA (8%, 3) + 1,000,000 × PVIF (8%, 3)
   = 50,000 × 2.57710 + 1,000,000 × 0.79383 = 922,687원

이자수익 = 922,655 × 8% = <u>73,815원</u>
상각액 = 73,815 − 50,000 = 23,815
20X1년 12월31일의 상각후원가 = 922,687 + 23,815 = 946,502원

20X1년 12월31일의 공정가치는 다음과 같이 구할 수 있다.

P_1 = 50,000 × PVIFA (7%, 2) + 1,000,000 × PVIF (7%, 2)
   = 50,000 × 1.80802 + 1,000,000 × 0.87344 = 963,840

금융자산평가손익 = 963,840 − 946,502 = <u>17,338원</u>

SMART
재무관리

입문

Chapter

03

기업재무의 기초

기업재무의 기초

 01 **자본예산**

실물투자와 관련된 의사결정 문제를 자본예산(capital budgeting)이라고 한다. 자본예산에서 화폐의 시간적 가치가 응용되는 두 가지 개념을 소개하면 다음과 같다.

1 순현가

순현가(NPV : net present value)란 투자안으로부터 기대되는 현금유입액의 현재가치(투자안의 가치)에서 투자비용을 차감한 값을 말한다.

$$NPV = \sum_{t=1}^{n} \frac{CF_t}{(1+k)^t} - CF_0$$

k : 기업의 자본비용 (가중평균자본비용)
CF_0 : 투자비용
CF_t : t시점의 현금흐름

이렇게 산출한 순현가가 0보다 크면 투자안을 채택하고 0보다 작으면 기각한다.

⇨ NPV 〉 0 : 채택
⇨ NPV 〈 0 : 기각

2 내부수익률

내부수익률 (IRR : internal rate of return)이란 투자안에서 얻게 되는 수익률이다. 구체적으로는 투자안으로부터 기대되는 현금유입액의 현재가치와 투자비용을 같게 하여 산출한다.

$$\sum_{t=1}^{n} \frac{CF_t}{(1+IRR)^t} = CF_0$$

⇨ 내부수익률을 할인율로 해서 NPV를 구하면 0이 된다.

이렇게 산출한 내부수익률이 자금조달에 따른 자본비용보다 크면 투자안을 채택하고, 자본비용보다 작으면 기각한다.

⇨ IRR > 자본비용(k) : 채택
⇨ IRR < 자본비용(k) : 기각

예제 – 1

K기업은 300억원을 투자하여 핀테크사업을 하려고 하는데 향후 순현금흐름은 2년 후에 400억원이 예상된다. 이 투자안의 자본비용은 연12%이다.

(1) 순현재가치(NPV)로 이 투자안의 경제성을 평가하시오.

(2) 내부수익률(IRR)로 이 투자안의 경제성을 평가하시오.

(1) 순현가

$$NPV = \frac{400}{1.12^2} - 300 = \underline{18.88억원}$$

NPV > 0 이므로 채택

(2) 내부수익률

$$\frac{400}{(1+IRR)^2} = 300 에서 IRR = \underline{15.47\%}$$

IRR > 12% 이므로 채택

예제 - 2

현재 1,000만원이 소요되는 투자안에서 5년 동안 매년 말 250만원의 현금유입이 예상된다. 투자자금을 조달하면서 부담되는 자본비용이 7%라면 투자안의 NPV, IRR은?

(1) 순현가

NPV = -1,000 + 250 × PVIFA(7%, 5)

   = -1,000 + 250 × 4.1002 = <u>25만원</u>

(2) 내부수익률

1,000 = 250 × PVIFA(R, 5) ⇨ PVIFA(R, 5) = 4.0

부록4의 연금의 현재가치요소에서 기간이 5년인 경우의 4.0의 값을 찾으면

R = <u>8%</u>

예제 - 3

㈜버젯은 내용연수가 3년인 기계를 구입하려고 한다. 이 기계의 3년 후 처분가치는 1,000만원으로 예상된다. 이 기계를 도입할 경우, 향후 3년 동안 매년 3,000만원의 현금흐름이 발생한다. 자본비용은 10%이고 순현가(NPV)법으로 투자안을 평가할 경우, ㈜버젯이 기계 구입비용으로 지불할 수 있는 최대금액은?
(CPA 2018 응용)

순현가가 0보다 커야 하므로 투자비용은 현금유입액의 현재가치보다 작아야 한다.

현금유입액의 현재가치 = 3,000 × PVIFA(10%, 3) + 1,000 × PVIF(10%, 3)

   = 3,000 × 2.4869 + 1,000 × 0.7513 = 8,212만원

기계 구입비용으로 지불할 수 있는 최대금액 = <u>8,212만원</u>

예제 - 4

㈜광안은 자동화설비를 50,000원에 구입하려고 한다. 이 회사의 원가담당자는 설비를 도입함으로써 3년 동안 매년 현금운영비가 20,000원씩 절감될 것으로 예상하고 있다. 이 때 내부수익률은 얼마인가? (CPA 2004 원가회계)

$50,000 = 20,000 \times PVIFA(R, 3)$
$\Rightarrow PVIFA(R, 3) = 2.5$

부록4의 연금의 현재가치요소에서 기간이 3년인 경우의 2.5의 값을 찾으면 다음과 같다.
$PVIFA(9\%, 3) = 2.5313$
$PVIFA(10\%, 3) = 2.4869$

이를 직선보간법으로 풀면 다음과 같다.
$2.5313 - 2.4869 = (2.5313 - 2.5) \times a \Rightarrow a = 0.70$

따라서 내부수익률은 약 <u>9.70%</u>이다.

3 순현가곡선(NPV profile)

기업의 자본비용(k)과 투자안의 순현가(NPV)의 관계를 보여주는 그림을 순현가곡선(NPV profile)이라고 한다. 순현가곡선(NPV profile)은 [그림 3-1]과 같이 X축에는 자본비용(할인율)을 표시하고 Y축에는 순현가(NPV)를 표시한다. 자본비용(k)이 증가하면 투자안의 순현가(NPV)는 감소하기 때문에 순현가곡선(NPV profile)은 우하향한다.

K기업은 300억원을 투자하여 핀테크사업을 하려고 하는데 향후 순현금흐름은 2년 후에 400억원이 예상된다. 자본비용(할인율)을 0%, 5%, 10%, 15%, 20%, 25%로 하여 각각의 NPV를 산출하면 다음과 같다.

k(자본비용)	NPV(순현가)
0%	100억
5%	63억
10%	31억
15%	3
20%	−22억
25%	−44억

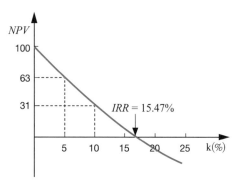

그림 3-1

순현가곡선(NPV profile)은 투자안에 대한 다음의 정보를 제공한다.

(1) 내부수익률(IRR)의 값 (X절편)

⇨ X절편은 NPV = 0이 되도록 하는 이자율이므로 IRR을 나타낸다.

(2) 자본비용(할인율)의 각 수준에 대한 순현가(NPV)의 값

(3) 투자안의 순현가(NPV)의 자본비용(할인율) 변화에 대해 갖는 민감도

⇨ 순현가곡선의 기울기가 클수록 민감도가 크며, 기울기가 작을수록 민감도가 작다.

4 NPV법과 IRR법의 비교

단일 투자안이나 독립적인 투자안을 평가하는 경우 NPV법과 IRR법의 평가결과는 항상 일치한다.

[그림 3-2]의 순현가곡선(NPV profile)을 분석하면 다음의 관계가 성립한다.

- IRR > k 이면 NPV > 0 ⇨ 투자안 채택
- IRR < k 이면 NPV < 0 ⇨ 투자안 기각

즉, IRR법으로 채택되는 투자안은 NPV법으로도 채택되고, IRR법으로 기각되는 투자안은 NPV법으로도 기각되기 때문에 NPV법과 IRR법의 평가결과는 항상 일치한다.

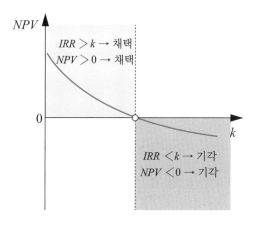

그림 3-2

※ 둘 이상의 상호배타적인 투자안을 평가해야 할 경우에는 NPV법과 IRR법에 의한 평가결과가 서로 다르게 나타날 수 있다. 이 부분에 대한 설명은 재무관리 본 과정에서 설명한다.

02 기업가치의 평가

1 기업가치 평가의 기초

기업가치는 투자안의 가치를 계산하는 원리를 그대로 적용하여 산출된다. 즉, 투자안의 가치가 그 투자안에서 기대되는 미래현금흐름의 현재가치로 계산하듯이 기업가치도 그 기업이 매년 벌어들이는 현금흐름을 할인한 현재가치로 계산한다.

법인세가 없는 영구연금을 가정하면, 손익계산서상의 영업이익(EBIT)의 현재가치가 기업가치(V), 이자비용(I)의 현재가치가 타인자본의 가치(B), 순이익(NI)의 현재가치가 자기자본의 가치(S)가 된다.

기업가치(V) = 타인자본의 가치(B) + 자기자본의 가치(S)

재무상태표	
기업가치(V)	타인자본의 가치(B)
	자기자본의 가치(S)

그림 3-3

이때 이자비용의 할인율은 타인자본비용(k_d), 순이익의 할인율은 자기자본비용(k_e), 영업이익의 할인율은 가중평균자본비용(wacc)이다.

$$V = \frac{EBIT}{wacc} = B + S \qquad B = \frac{I}{k_d} \qquad S = \frac{NI}{k_e}$$

EBIT (earning before interests and taxes) : 영업이익

I (interest) : 이자비용

NI (net income) : 순이익

k_d (cost of debt) : 타인자본비용

k_e (cost of equity) : 자기자본비용

wacc (weighted average cost of capital) : 가중평균자본비용

V : 기업가치

B : 타인자본의 가치

S : 자기자본의 가치

타인자본비용과 자기자본비용을 가중평균값인 가중평균자본비용(wacc)은 다음과 같이 산출한다.

$$wacc = k_d \times \frac{B}{V} + k_e \times \frac{S}{V}$$

K기업은 부채와 자기자본으로 구성되어 있으며, 매년 1,000만원씩의 영업이익을 영구히 벌어들일 것으로 기대된다. 부채에 대한 이자비용은 매년 250만원을 지급하며, 법인세는 없다고 가정한다. K기업의 현재 타인자본비용은 8%이며, 자기자본비용은 12%이다. K기업의 기업가치와 가중평균자본비용은 각각 얼마인가?

(1) K기업의 기업가치

   1) 타인자본의 가치 : $B = \dfrac{I}{k_d}$ = 250 / 0.08 = 3,125만원

   2) 자기자본의 가치 : $S = \dfrac{NI}{k_e}$ = 750 / 0.12 = 6,250만원

   3) 기업가치(V) = 타인자본의 가치(B) + 자기자본의 가치(S)

        = 3,125 + 6,250 = <u>9,375만원</u>

(2) K기업의 가중평균자본비용

   1) 기업가치평가 공식을 이용한 계산하는 방법

     $V = \dfrac{EBIT}{wacc}$ ⇨ 9,375 = 1,000 / wacc ⇒ wacc = <u>10.67%</u>

   2) 개별자본비용을 가중평균 하여 계산하는 방법

     $wacc = k_d \times \dfrac{B}{V} + k_e \times \dfrac{S}{V}$

     = 8% × 3125/9375 + 12% × 6250/9375 = <u>10.67%</u>

2 기업잉여현금흐름과 기업가치 평가

(1) 기업잉여현금흐름

기업가치를 평가하기 위하여 구하는 현금흐름을 기업잉여현금흐름(FCFF, free cash flow to the firm)이라고 한다. 기업잉여현금흐름은 정상적인 영업활동에서 발생하는 영업현금흐름 (OCF: operating cash flow)과 자본적 지출과 순운전자본 변동에 따른 현금흐름 그리고 잔존 가치의 회수 등 기타현금흐름을 반영한 것이다.

$$FCFF = OCF - 자본적지출 - 순운전자본지출$$

기업잉여현금흐름(FCFF)은 자금의 운용결과에 따른 현금흐름이므로 실물시장에서 발생한 현금흐름이다. 따라서 자금의 조달결과에 따른 금융시장에서 발생하는 현금흐름은 기업잉여 현금흐름(FCFF)에서 고려하지 않으며, 타인자본비용과 자기자본비용에 반영되어 가중평균 값인 가중평균자본비용(wacc)에 반영된다.

(2) 자본적 지출

자본적 지출 (capital expenditure)은 투자에 소요되는 투자비용으로 초기에 집중해서 나타날 수도 있고, 여러 기간에 걸쳐 장기적으로 발생할 수도 있다.

(3) 순운전자본지출

기업의 투자는 기계설비와 같은 유형자산에 대한 투자뿐만 아니라 매출채권과 재고자산과 같은 유동자산(운전자본)에 대한 추가적인 투자를 필요로 한다. 새로운 투자에 따라 유동자산에서 유동부채를 뺀 순운전자본이 증가하였다면 이 증가분은 새로운 투자로 인한 추가적인 투자금액으로 보아야 한다. 반대로 새로운 투자에 따라 순운전자본이 감소하였다면 감소분만큼 추가적인 현금유입으로 파악하여야 한다.

(4) 영업현금흐름

영업현금흐름(OCF)은 정상적인 영업활동에서 실현하는 현금흐름이며, 자금조달에 따른 이자비용의 지급여부에 영향을 받지 않는다. 따라서 영업현금흐름은 투자에 필요한 자금을 자기자본으로 조달하든 부채로 조달하든 관계없이 같은 값을 갖는다.

(주)미래의 지난 1년간 손익계산서의 자료는 다음과 같다고 하자.
- 매출액(R) : 900억원
- 현금비용(C) : 560억원
- 감가상각비(Dep) : 90억원
- 법인세율(t) : 40%

영업이익은 이자 및 세금을 차감하기 전의 이익을 말하여 EBIT(earning before interests and taxes)라고 한다. 영업이익은 다음과 같다.

$$EBIT = R - C - Dep$$
$$= 900 - 560 - 90 = 250억$$

또한 세후영업이익은 다음과 같다.

$$세후영업이익 = EBIT \times (1 - t)$$
$$= 250 \times (1 - 0.4) = 150억$$

세전현금흐름은 이자, 세금은 물론 감가상각비도 차감하지 전의 이익을 말하여 EBIT-DA(earning before interests, taxes, depreciation and amortization)라고 한다. 세전영업현금흐름은 다음과 같다.

$$EBITDA = R - C = EBIT + Dep$$
$$= 900 - 560 = 250 + 90 = 340억$$

(주)미래의 영업현금흐름(OCF)는 다음과 같은 2가지 방법으로 구할 수 있다.

(방법1) 영업현금흐름 = 세후영업이익 + 감가상각비 (Dep)
$$= 150 + 90 = 240억$$

(방법2) 영업현금흐름 = 세후EBITDA + 감가상각비의 감세효과 (Dep x t)
$$= 340 \times (1-0.4) + 90 \times 0.4 = 240억$$

영업현금흐름(OCF)을 구하는 공식을 요약하면 다음과 같다.

$$OCF = EBIT \times (1-t) + Dep$$
$$= EBITDA \times (1-t) + Dep \times t$$

(5) 기업잉여현금흐름을 이용한 기업가치평가모형

기업가치(V)는 기업잉여현금흐름(FCFF)를 가중평균자본비용(wacc)으로 할인하여 구한다.

$$V = \sum_{t=1}^{n} \frac{FCFF_t}{(1+wacc)^t} = S + B$$

> **예제 - 6**

㈜버젯은 내용연수가 3년인 기계를 9,000만원에 구입하려고 한다. 이 기계의 3년 후 잔존가치는 없다. 이 기계를 도입할 경우, 향후 3년 동안 매년 6,000만원의 매출액과 2,000만원의 현금비용이 발생한다. 자본비용은 10%이고 법인세율은 30%이다. 영업현금흐름과 순현가(NPV)를 각각 구하시오. (CPA 2018 응용)

감가상각비 = 9,000만원 / 3년 = 3,000만원

영업이익 = 6,000 −2,000 − 3,000 = 1,000

$$영업현금흐름 \ (OCF) = EBIT \times (1 - t) + Dep$$
$$= 1,000 \times (1 - 0.3) + 3,000 = \underline{3,700만원}$$

$$NPV = -9,000 + 3,700 \times PVIFA(10\%, \ 3)$$
$$= -9,000 + 3,700 \times 2.4869 = \underline{202만원}$$

1 최적자본구조

$$V = \sum_{t=1}^{n} \frac{FCFF_t}{(1+wacc)^t}$$

기업가치를 나타내는 위의 식에서 분자에 해당되는 기업잉여현금흐름이 일정하다고 가정하면 가중평균자본비용이 작을수록 기업가치는 커지게 된다. 이때에 가중평균자본비용이 가장 작게 되는, 그래서 기업가치가 가장 크게 되는 자본구조를 생각할 수 있는데 이를 최적자본구조(optimal capital structure)라고 한다.

가중평균자본비용은 다음 식으로 산출된다.

$$wacc = k_d \times \frac{B}{V} + k_e \times \frac{S}{V}$$

위 식에서 가중평균자본비용은 자기자본비용, 타인자본비용, 타인자본의존도에 의해서 결정됨을 알 수 있다. 자본구조이론은 타인자본을 사용하게 되면 타인자본비용과 자기자본비용이 어떻게 변화하는지 그리고 이러한 변화의 결과로 가중평균자본비용은 어떻게 변화하는지를 살펴보는 것이다.

2 부채사용효과

(1) 부채사용의 유리한 점(저렴효과)

위험−수익의 상충관계에서 설명한 것처럼 타인자본비용은 자기자본비용보다 위험이 작기 때문에 그 크기가 작다. 따라서 기업이 부채를 더 많이 사용하게 되면 낮은 타인자본비용이 차지하는 비율이 커지기 때문에 가중평균자본비용은 감소하게 되어 기업가치는 증가한다.

(2) 부채사용의 불리한 점(재무위험효과)

기업이 부채를 더 많이 사용하게 되면 주주가 부담하는 재무위험이 증가하기 때문에 자기자본비용이 상승하게 되며, 이로 인하여 가중평균자본비용은 증가하게 되어 기업가치는 감소한다.

(3) 불완전시장의 효과

다음과 같은 시장의 불완전요인으로 인하여 부채사용효과는 저렴효과 및 재무위험효과 이외에 추가적으로 영향을 받는다.

① 세금효과 : 법인세, 개인소득세
② 파산비용
③ 대리비용
④ 신호효과(정보의 비대칭성)

따라서 자본구조이론은 부채사용에 따른 위의 효과를 분석하여 기업가치와 자본구조와의 관계를 설명하는 것이다.

04 M&A

1 합병 (merger)

합병이란 두 개 이상의 회사가 청산절차를 거치지 않고 소멸되면서 소멸회사의 권리와 의무가 포괄적으로 존속회사에게 이전되는 회사 간의 계약을 말한다.

(1) 합병주체에 따른 구분

1) 흡수합병 (merger)
어떤 기업이 다른 기업을 흡수하는 형태

$A + B \rightarrow A$

2) 신설합병 (consolidation)
둘 이상의 기업의 새로운 하나의 기업으로 결합

$A + B \rightarrow C$

(2) 영업내용에 따른 구분

1) 수평적 합병
동일한 업종 간에 이루어지는 합병

2) 수직적 합병
공급사슬(supply chain)기업과의 합병
동일한 제품의 생산과정이나 판매과정의 전후단계

3) 다각적 합병
서로 다른 업종 간에 이루어지는 합병

2 취득 (acquisition)

취득이란 목표기업의 경영지배권을 획득하기 위하여 그 기업의 주식이나 자산을 취득하는 것을 말한다.

(1) 주식인수 (stock acquisition)

목표기업의 주식을 취득함으로써 지배권을 획득하는 것이다. 주식취득의 방법에는 이미 발행된 주식의 매입대금을 현금으로 지급하는 경우와 자사주식과 교환하는 경우가 있다.

목표회사의 경영진과 협상하여 이루어지는 우호적 M&A와 목표회사 경영진의 의사와 관계없이 주주들을 상대로 하여 시장에서 주식을 매입하는 적대적 M&A가 있다.

(2) 자산인수 (asset acquisition)

자산취득은 목표기업과의 계약을 통하여 영업의 일부 또는 전부를 인수하는 영업양수를 말한다.

3 M&A의 평가

(1) 시너지 (synergy)

시너지효과란 두 기업의 합쳐진 후의 가치가 합병 이전 두 기업 둘의 가치를 단순히 합한 것보다 크게 되는 현상을 말한다. 합병은 바로 이러한 시너지효과를 목적으로 이루어지는 경우가 많다.

합병에 의한 시너지는 다음과 같이 정의된다.

> 시너지 = 합병 후 기업(AB)의 가치 − 합병 전 두 기업(A+B)의 가치

시너지의 원천은 수익의 증가, 비용의 감소, 세금의 절약효과 등으로 분류될 수 있다.

1) 수익의 증가

- 마케팅의 효율화 : 유통채널, 광고, 제품의 범위의 경제
- 전략적 우위
- 시장지배력 강화

2) 비용의 감소

- 규모의 경제
- 수직적 결합의 경제성
- 자원의 상호보안
- 비효율적인 경영진의 교체

(2) 인수프리미엄

목표기업(B)를 인수하는데 부담하게 되는 비용은 목표기업의 합병 전 기업가치를 초과하는데 이를 인수프리미엄이라고 한다.

> 인수 프리미엄 = 인수가격 − 목표기업의 기업가치

(3) 합병 NPV

합병으로 인해서 얻게 되는 경제적 가치의 증가분은 시너지효과이며, 비용의 부담은 인수프리미엄이다. 따라서 합병 NPV는 다음과 같이 계산한다.

> 합병 NPV = 시너지 − 인수 프리미엄

합병NPV가 0보다 크면 합병을 수행하고, 0보다 작으면 합병안을 기각한다.

예제 - 7

A기업은 B기업을 흡수합병을 하려고 한다. 합병후의 기업가치는 1,150,000원으로 예상이 되며 두 기업은 모두 무부채기업이며 합병후에도 무부채기업이다.

	A	B
주 가	4,000원	1,000원
발행주식수	250주	100주
당기순이익	400,000원	20,000원

합병대가로 현금 120,000원을 지급한다면 합병 NPV는 얼마인가?

합병전 A의 기업가치 = 4,000원 × 250주 = 1,000,000원
합병전 B의 기업가치 = 1,000원 × 100주 = 100,000원
시너지 = 1,150,000 − (1,000,000 + 100,000) = 50,000
인수프리미엄 = 120,000 − 100,000 = 20,000
합병 NPV = 시너지 − 프리미엄 = 50,000 − 20,000 = 30,000원

05 실전문제

문제 1

M사는 임대건물의 신축과 주차장의 신축이라는 두 가지의 투자 안을 고려하고 있다. 임대건물의 신축안은 초기투자액이 18억원이며, 1년 후에 24억원으로 매각할 수 있다고 한다. 주차장의 신축안은 단위 당 1백만원을 초기투자하면 1년 후부터 매년 1백만원의 현금유입이 영구히 발생된다고 한다. 주차장의 신축 단위에는 제한이 없고, 신축규모에 대하여 수익률이 일정하다고 가정한다. 할인율을 동일하게 연 20%로 적용할 경우, 양 투자안의 순현가 (NPV)가 같아지기 위해서는 주차장을 몇 단위 신축해야 하는가? (CPA 2000)

① 10   ② 20   ③ 30   ④ 40   ⑤ 50

임대건물의 신축의 순현가
NPV = −18 + 24 ÷ 1.20 = 2억

단위당 주차장의 신축의 순현가
NPV = −100 + 100 ÷ 0.2 = 400만원

∴ 2억 = 400만원 × Q ⇨ Q = 50단위

정답 5

문제 2

(주)한국은 기존의 생산라인 제어시스템을 교체하는 경우 (주)한국은 연간 약 50억원의 비용을 절감할 수 있을 것으로 예상된다. 신규 시스템의 구입비용은 총 200억원이며 내용연수는 5년이다. 이 시스템은 정액법으로 감가상각되며 5년 사용 후 잔존 가치는 없을 것으로 예상된다. 현재의 시스템도 전액 감가상각되었고 시장가치는 없다. (주)한국의 법인세율은 20%이고 투자안의 할인율이 15%라면 이 투자안의 순현가는 약 얼마인가?
(CPA 2005응용)

감가상각비 = 200 / 5년 = 40억
증분 영업이익 = 50 − 40 = 10억

영업현금흐름 (OCF) = EBIT × (1−t) + Dep
                    = 10 × (1−0.2) + 40 = 48억

NPV = −200 + 48 × PVIFA(15%, 5)
    = −200 + 48 × 3.3522 = <u>−39억</u>

⇨ NPV ⟨ 0 이므로 이 투자안은 기각한다.

정답 −39억

(주)한국은 100억원을 투자하여 전자사업부를 신설하려고 하는데 향후 순현금흐름은 다음과 같이 예상된다. 순현금흐름의 성장률은 t = 1~4 시점까지는 높게 형성되다가, t = 5 시점 이후부터는 4%로 일정할 것으로 예상된다. 할인율은 고성장기간 동안 20%, 일정성장기간 동안 10%라고 할 때, 이 투자안의 순현재가치(NPV)와 가장 가까운 것은?

(CPA 2009)

t	1	2	3	4	5
순현금흐름(단위: 억원)	10	16	20	30	16

① −6.30억원 ② 26.13억원 ③ 74.09억원 ④ 80.41억원 ⑤ 84.13억원

t=5시점부터 고정성장을 하므로 t=4시점의 투자안의 가치는 다음과 같다.

$$V_4 = \frac{FCFF_5}{wacc - g} = \frac{16}{0.10 - 0.04} = 266.67$$

투자안의 순현재가치(NPV)

$$NPV = -100 + \frac{10}{1.20^1} + \frac{16}{1.20^2} + \frac{20}{1.20^3} + \frac{30 + 266.67}{1.20^4} = \underline{74.09}$$

정답 3

문제 4

(주)대한은 새로운 투자안을 순현재가치법으로 평가하여 사업의 시행여부를 결정하고자 한다. 상각대상 고정자산에 대한 총투자액은 15,000백만원으로 사업시작 시점에서 모두 투자되며 사업기간은 10년이다. 고정자산은 10년에 걸쳐서 정액법으로 감가상각되며 투자종료시점에서의 잔존가치 및 매각가치는 없다. (주)대한은 매년 동일한 수량을 판매한다. 제품의 단위당 판매가격은 100백만원, 제품 단위당 변동비는 40백만원, 감가상각비를 제외한 연간 총고정비용은 2,500백만원이다. 법인세율은 35%이며 할인율은 8%이다. 연간 예상제품판매수가 150개일 경우 이 투자안의 순현재가치(NPV)에 가장 가까운 것은 다음 중 어느 것인가? (단, 연 8%의 할인율에서 10년 만기 일반연금의 현가요소는 6.71이다.) (CPA 2010)

① 15,669백만원 ② 16,873백만원 ③ 17,267백만원 ④ 18,447백만원 ⑤ 19,524백만원

감가상각비 = 15,000 / 10 = 1,500백만원
영업이익 = (100 − 40) × 150 − 2,500 − 1,500 = 5,000백만원

영업현금흐름 (OCF) = EBIT × (1−t) + Dep
= 5,000 × (1−0.35) + 1,500 = 4,750백만원

NPV = −15,000 + 4,750 × PVIFA(8%, 10)
= −15,000 + 4,750 × 6.71 = 16,873 백만원

⇨ NPV > 0 이므로 이 투자안은 채택한다.

정답 2

기계설비 투자안에 대한 자료가 다음과 같다. 자본비용은 10%이고 세금은 고려하지 않으며 연간 판매수량은 동일하다. 감가상각은 정액법을 따르며 투자종료시점에서 잔존가치와 매각가치는 없다고 가정한다.

- 기계 구입가격 3,000만원
- 기계 내용연수 3년
- 감가상각비를 제외한 연간 고정비 1,000만원
- 단위당 판매가격 10만원
- 단위당 변동비 5만원

회계손익분기점과 재무손익분기점은 각각 얼마인가? (단, 회계손익분기점, 재무손익분기점은 각각 영업이익, 순현가를 0으로 하는 연간 판매수량을 의미한다. 3년 연금의 현가요소는 이자율이 10%일 때 2.4869이다.) (CPA 2013)

감가상각비 = 3,000/3 = 1,000만원

영업이익 = $(10 - 5) \times Q - 1,000 - 1,000$에서

회계손익분기점은 영업이익이 0으로 하는 연간 판매수량이므로

$0 = (10 - 5) \times Q - 1,000 - 1,000 \Rightarrow \underline{Q = 400개}$

재무손익분기점은 순현가를 0으로 하는 연간 판매수량이므로

$0 = -3,000 + OCF \times PVIFA(10\%, 3)$

$0 = -3,000 + OCF \times 2.4869 \Rightarrow OCF = 1,206만원$

영업현금흐름 (OCF) = EBIT $\times$ (1−t) + Dep

$1,206 = (10 - 5) \times Q - 2,000 + 1,000 \Rightarrow \underline{Q = 441개}$

정답 400개, 441개

문제 6

탄산음료를 생산하는 H사는 현재 신개념의 이온음료 사업을 고려하고 있다. 이 투자안의 사업 연한은 5년이며, 이온음료 생산에 필요한 설비자산의 구입가격은 1,000만원이다. 설비자산은 잔존가치가 0원이며 5년에 걸쳐 정액법으로 상각된다. 5년 후 설비자산의 처분가치는 없을 것으로 예상된다. 이온음료는 매년 500개씩 판매되고, 이 제품의 단위당 판매가격은 5만원, 단위당 변동비용은 3만원이며, 감가상각비를 제외한 연간 총고정비용은 300만원으로 추정된다. 한편 이온음료가 판매될 경우 기존 탄산음료에 대한 수요가 위축되어 탄산음료의 판매량이 매년 100개씩 감소할 것으로 예상된다. 탄산음료의 단위당 판매가격은 2만원, 단위당 변동비는 1만원이다. H사의 법인세율은 40%이고 투자안의 자본비용은 10%이다. 설비자산의 투자는 현 시점 (t = 0)에서 일시에 이뤄지고, 매출 및 제조비용과 관련된 현금흐름은 매년 말(t = 1~5)에 발생한다. 이 투자안의 순현재가치(NPV)에 가장 가까운 것은? 단, 연 10%의 할인율에서 5년 연금의 현가요소(present value interest factor for an annuity)는 3.7908이다. (CPA 2014)

① 820만원　　② 668만원　　③ 516만원　　④ 365만원　　⑤ 213만원

(1) 이온음료 사업의 증분 세전현금흐름

　　EBITDA = 500개 × (5만원 − 3만원) − 300만원 − 100개 × (2만원 − 1만원)
　　　　　　= 600만원

※ 탄산음료 판매량의 감소는 잠식효과이므로 증분 현금흐름에 반영한다.

(2) 이온음료 사업의 증분 영업현금흐름

　　OCF = EBIT × (1 − t) + 감가상각비
　　　　= (600 − 200) × (1 − 0.4) + 200 = 440만원

(3) 이온음료 사업의 순현재가치

　　NPV = −1,000만원 + 440만원 × 3.7908 = 668만원

정답 2

인수기업의 가치는 800억원이고 피인수기업의 가치는 100억원이다. 두 기업 모두 자기자본만을 사용하고 있다. 인수기업의 발행주식수는 100만주이고 피인수기업의 발행주식수는 10만주이다. 합병이 성사되면 합병기업의 가치가 1,200억원으로 추산된다. 만약 인수기업이 150억원의 현금으로 피인수기업을 인수하면 인수기업의 주가가 몇 퍼센트 상승할 것으로 예상되는가? (CPA 2006)

① 25% ② 28% ③ 31% ④ 35% ⑤ 37%

무부채기업의 기업가치 = 자기자본의 가치 = 주가 × 주식수
시너지 = 1,200억 − (800억 + 100억) = 300억
인수프리미엄 = 150억 − 100억 = 50억
합병 NPV = 300억 − 50억 = 250억
인수기업(A)의 기업가치는 250억원 상승하므로
인수기업의 주가상승률 = 250억 / 800억 = 31.25%

정답 ③

문제 8

㈜버젯은 내용연수가 3년인 기계를 구입하려고 한다. 이 기계는 정액법으로 상각되며, 3년 후 잔존가치는 없지만 처분가치는 1,000만원으로 예상된다. 이 기계를 도입할 경우(t=0), 향후 3년 동안(t=1~t=3) 매년 6,000만원의 매출액과 3,000만원의 영업비용(감가상각비제외)이 발생한다. 자본비용은 10%이고 법인세율은 30%이다. 순현가(NPV)법으로 투자안을 평가할 경우, ㈜버젯이 기계 구입비용으로 지불할 수 있는 최대금액과 가장 가까운 것은? (단, PVIFA(10%,3) = 2.4869, PVIF(10%,3) = 0.7513) (CPA 2018)

① 7,536만원   ② 7,651만원   ③ 7,749만원   ④ 7,899만원   ⑤ 7,920만원

(1) 처분시점의 현금흐름

유형자산의 장부가액이 0이므로 유형자산 처분이익이 1,000만원 발생

세후처분가치 = 1,000 − 1,000 × 0.3 = 700만원

(2) 영업현금흐름

기계구입비용을 C라고 하면

감가상각비 = C/3

OCF = EBIT × (1 − t) + 감가상각비

     = (6,000 − 3,000 − C/3) × (1 − 0.3) + C/3 = 2,100 + 0.1 × C

(3) 순현가

NPV = −C + (2,100 + 0.1 × C) × 2.4869 + 1,000 × (1−0.3) × 0.7513 ≥ 0

   → C ≤ <u>7,651</u>

정답 2

Chapter

04

재무관리를 위한 수학,
통계 및 경제기초

재무관리를 위한 수학, 통계 및 경제기초

01 미분

1 평균변화율

평균변화율은 곡선 위 두 점을 지나는 직선의 기울기를 뜻하며,
함수 $y = f(x)$에서 x의 변화량인 Δx에 대한 y의 변화량인 Δy을 의미한다.
(Δx : x의 증분 값을 의미하고 Δ는 델타라고 읽음)

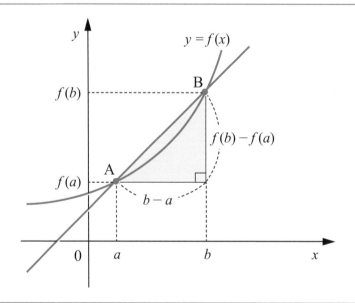

그림 4-1

함수 $y = f(x)$에서 $\dfrac{\Delta y}{\Delta x}\left(= \dfrac{f(b) - f(a)}{b - a} = \dfrac{f(a + \Delta x) - f(a)}{\Delta x}\right)$는

x의 값이 a부터 $a + \Delta x$까지 변할 때의 y의 평균변화율이라고 한다.

2 미분계수

미분계수란 $x = a$에서 함수 $y = f(x)$에 대해 x의 변화량이 0에 근접할 때 평균변화율의 극한값이다. 미분계수는 순간변화율이라고도 하여 접선을 기울기를 의미한다.

도함수는 미분계수를 일반화시킨 개념으로 다음과 같이 정의할 수 있다.

$$도함수 = \lim_{\Delta x \to 0} \frac{\Delta y}{\Delta x}$$

도함수는 다음과 같이 나타낸다.

$$f'(x), y', \frac{dy}{dx}, \frac{df(x)}{dx}$$

3 미분공식

함수 $f(x)$의 도함수 $f'(x)$를 구하는 것을 함수 를 x에 관하여 미분한다고 하고, 이 계산법을 미분법이라고 한다.

어떤 함수의 도함수가 미분 가능할 때 이 도함수를 한 번 더 미분한 함수를 '이계도함수'라고 부르고, 어떤 함수가 n번 미분이 가능할 때 n번 미분하면 'n계도함수'라고 부른다.

① $y = c$ (상수) $\rightarrow y' = 0$

② $y = x^n \rightarrow y' = nx^{n-1}$

③ $y = cf(x)$ (c는 상수) $\rightarrow y' = cf'(x)$

④ $y = f(x) \pm g(x) \rightarrow y' = f'(x) \pm g'(x)$

⑤ $y = f(x)g(x) \rightarrow y' = f'(x)g(x) + f(x)g'(x)$

⑥ $y = \dfrac{f(x)}{g(x)} \rightarrow y' = \dfrac{f'(x)g(x) - f(x)g'(x)}{g(x)^2}$

⑦ $y = f(a), a = g(b) \rightarrow y' = f'(g(b))g'(b)$

> **예제 - 1**

다음 함수를 미분하시오.

(1) $y = 3$

(2) $y = x^6$

(3) $y = 21x^7$

(4) $y = 4x^5 - 7x^3 + 2x^2 - 1,280$

(5) $y = (x^3 - 2)(x^2 + 7)$

(6) $y = \dfrac{x^4 - 1}{x^2}$

(7) $y = (3x + 2)^2$

(1) $y' = 0$

(2) $y' = 6x^{6-1} = 6x^5$

(3) $y' = 21(x)' = 21 \times 7x^{7-1} = 147x^6$

(4) $y' = (4x^5)' - (7x^3)' + (2x^2)' - (1280)' = 20x^4 - 21x^2 + 4x$

(5) $y' = (x^3 - 2)'(x^2 + 7) + (x^3 - 2)(x^2 + 7)' = 3x^2(x^2 + 7) + (x^3 - 2)2x$

$\quad\quad = 5x^4 + 21x^2 - 4x$

(6) $y' = \dfrac{(4x^3)x^2 - (x^4 - 1)2x}{(x^2)^2} = \dfrac{4x^5 - 2x^5 + 2x}{x^4} = \dfrac{2x^5 + 2x}{x^4} = \dfrac{2x^4 + 2}{x^3}$

(7) $y' = 2(3x + 2) \times 3 = 18x + 12$

(1) 기초자산의 현재가격이 10,000원이고 이에 대한 콜옵션의 현재가격은 2,000원이다. 콜옵션의 미분계수가 0.8일 때 기초자산의 가격이 11,000원이 되면 콜옵션의 가격은 얼마가 되겠는가?

(2) 기초자산의 현재가격이 10,000원이고 이에 대한 콜옵션의 현재가격은 2,000원이다. 콜옵션의 미분계수가 0.8일 때 기초자산의 가격이 9,000원이 되면 콜옵션의 가격은 얼마가 되겠는가? (CPA 2014 응용)

(3) 기초자산의 현재가격이 10,000원이고 이에 대한 풋옵션의 현재가격은 2,000원이다. 풋옵션의 미분계수가 −0.2일 때 기초자산의 가격이 11,000원이 되면 풋옵션의 가격은 얼마가 되겠는가?

(4) 기초자산의 현재가격이 10,000원이고 이에 대한 풋옵션의 현재가격은 2,000원이다. 풋옵션의 미분계수가 −0.2일 때 기초자산의 가격이 9,000원이 되면 풋옵션의 가격은 얼마가 되겠는가? (CPA 2015 응용)

(1) 기초자산의 가격이 변하면 옵션의 가격이 변하므로
x =기초자산의 가격, y=옵션의 가격
미분계수 = 0.8에서 Δx = +1,000 ⇨ Δy = +800
콜옵션의 가격 = 2,000 + 800 = 2,800원

(2) 미분계수 = 0.8에서 Δx = −1,000 ⇨ Δy = −800
콜옵션의 가격 = 2,000 − 800 = 1,200원

(3) 미분계수 = −0.2에서 Δx = +1,000 ⇨ Δy = −200
풋옵션의 가격 = 2,000 − 200 = 1,800원

(4) 미분계수 = −0.2에서 Δx = −1,000 ⇨ Δy = +200
풋옵션의 가격 = 2,000 + 200 = 2,200원

4 편미분

(1) 편미분

편미분이란 2개 이상의 독립변수가 있는 다변수 함수에서 다른 변수들을 상수취급하고, 하나의 특정변수에 대해서만 하는 미분을 말한다.

편미분은 다른 변수를 상수처럼 고정시킨 상태에서 하나의 특정 변수의 변화에 대한 변화율을 의미한다. 편미분은 (라운드라고 읽음)라는 기호를 사용하며 2개의 변수를 가진 함수 에서의 의 에 대한 편미분은 다음과 같이 표시한다.

$$\frac{\partial z}{\partial x}, \frac{\partial f}{\partial x}$$

$z = f(x, y)$에서 x에 대한 편미분은 다음과 같다.

$$\frac{\partial z}{\partial x} = \lim_{\Delta x \to 0} \frac{\Delta z}{\Delta x}$$

$z = f(x, y)$에서 y에 대한 편미분은 다음과 같다.

$$\frac{\partial z}{\partial y} = \lim_{\Delta y \to 0} \frac{\Delta z}{\Delta y}$$

경제학과 재무관리에서는 편미분이 중시되는데, 그 이유는 경제학과 재무관리에서 여러 변수 중 하나의 변수만 변화하고 나머지는 동일하다(=ceteris paribus)는 조건으로 가정하는 경우가 많기 때문이다.

ceteris paribus (세테리스 패리부스)는 라틴어에서 따온 경제학 용어이다. 한계효용이론과 최초의 경제학과를 만들어낸 학자 알프레드 마셜(Alfred Marshall, 1842-1924)은 모델의 수리화를 위해 이 같은 개념을 제안했다.

함수 에서 $\dfrac{\partial f}{\partial x}$, $\dfrac{\partial f}{\partial y}$ 를 구하시오.

(1) $f(x, y) = 3x^4 - 5x^3 + 3y^4 + 7y$

(2) $f(x, y) = \sqrt{xy}$

(3) $f(x, y) = \mathrm{xy} - 7$

(1) $\dfrac{\partial f}{\partial x} = 12x^3 - 15x^2$ $\qquad$ $\dfrac{\partial f}{\partial y} = 12y^3 + 7$

(2) $\dfrac{\partial f}{\partial x} = \dfrac{1}{2}x^{\left(\frac{1}{2}-1\right)}y^{\frac{1}{2}} = \dfrac{1}{2}\dfrac{\sqrt{y}}{\sqrt{x}}$ $\qquad$ $\dfrac{\partial f}{\partial y} = \dfrac{1}{2}x^{\frac{1}{2}}y^{\left(\frac{1}{2}-1\right)} = \dfrac{1}{2}\dfrac{\sqrt{x}}{\sqrt{y}}$

(3) $\dfrac{\partial f}{\partial x} = y$ $\qquad\qquad\qquad$ $\dfrac{\partial f}{\partial y} = x$

(2) 효용함수

효용함수란 재화나 용역의 소비와 그 소비로부터 얻는 효용의 관계를 나타내는 함수를 말한다. 효용이란 재화나 용역의 소비로부터 얻을 수 있는 주관적인 만족을 측정하는 단위이다.

총 효용(Total Utility)이란 재화의 소비로부터 얻는 주관적 만족도의 총량을 의미하며, 한계효용 (Marginal Utility)이란 재화의 소비를 한 단위 추가할 때 증가하는 효용을 의미한다.

경제학에서의 한계효용을 미분으로 정의하면 재화의 소비가 미세하게 증가할 때 효용의 증가분 이라고 할 수 있다. 재화의 소비량이 증가할 때 한계효용은 점차 감소하는데, 이를 '한계효용체감의 법칙'이라고 한다.

소비자가 재화 사이다와 콜라를 소비한다고 가정할 때 효용함수는 다음과 같이 표현된다.
$U = f(x, y)$ (x＝사이다. y＝콜라)

총 효용이 위의 예시와 같이 함수형태로 주어지는 경우 한계효용은 효용함수에 대한 편미분의 형태로 표시할 수 있다. 위의 예시에서 사이다와 콜라를 소비하여 효용을 얻는 한 개인의 효용함수가 주어져 있다면, 사이다의 한계효용(MU_x)과 콜라의 한계효용(MU_y)은 다음과 같이 표시할 수 있다.

$$MU_x = \frac{\partial U}{\partial x}, \qquad MU_y = \frac{\partial U}{\partial y}$$

(1) 소비자의 효용함수가 U = 24X − 2X²인 경우 다음 각 물음에 답하시오.

   1) X재 5번째 단위의 한계효용은 얼마인가?

   2) X재 6번째 단위의 한계효용은 얼마인가?

   3) X재 7번째 단위의 한계효용은 얼마인가?

   4) 소비자의 총 효용이 극대화되는 X재 소비량은 얼마인가?

(2) 두 개의 상품 1과 2가 있고, 두 상품의 소비량을 각각 X, Y고 표시한다고 하자.

   소비자의 효용함수의 다음과 같은 함수로 표시된다고 하자.

$$U = (X, Y) = X^7 \times Y^3$$

소비자의 소득이 100만원이고, 상품1의 가격이 1,000원, 상품2의 가격이 5,000원인경우 다음 각 물음에 답하시오.

   1) 상품1재 1개를 더 구입하였을 때 추가로 얻는 효용은 얼마인가?

   2) 상품1재 1원어치를 더 구입하였을 때 추가로 얻는 효용은 얼마인가?

   3) 상품1재의 소비자의 최적 소비량은 얼마인가?

(1) 효용함수를 미분하면 다음과 같다.

   MU_X = 24 − 4X

   1) X재 5번째 단위의 한계효용 = 24− 4 × 5 = 4

   2) X재 6번째 단위의 한계효용 = 24− 4 × 6 = 0

   3) X재 7번째 단위의 한계효용 = 24− 4 × 7 = −4

   4) 한계효용이 0가 되는 6번째 단위에서 총 효용은 극대화된다.

(2) 상품1과 상품2의 한계효용은 다음과 같다.

$$MU_X = \frac{\partial U}{\partial X} = 7X^6 \times Y^3 \qquad\qquad MU_Y = \frac{\partial U}{\partial Y} = X^7 \times 3 \times Y^2$$

   1) 상품1재 1개를 더 구입하였을 때 추가로 얻는 효용 $= MU_X = 7X^6 \times Y^3$

   2) 상품1재 1원어치를 더 구입하였을 때 추가로 얻는 효용 $= \dfrac{MU_X}{P_X} = \dfrac{7X^6 \times Y^3}{1000}$

   3) 소비자의 최적 소비량

$$\frac{MU_X}{P_X} = \frac{MU_Y}{P_Y} \ \Rightarrow\ \frac{7X^6Y^3}{1000} = \frac{3X^7Y^2}{5000} \ \Rightarrow\ 35Y = 3X \ \text{(식1)}$$

   예산 제약식 : 1,000,000 = 1,000X + 5,000Y ⇨ X + 5Y = 1,000 (식2)

   (식1)과 (식2)를 연립으로 풀면 X=700, Y=60

5 함수의 증가와 감소

(1) 증가함수

함수 f(x)에서 변량 x가 증가할 때 함숫값 f(x)도 증가하면 함수 f(x)를 '증가함수'라고 한다.

증가함수는 함수f(x)가 어떤 구간의 X의 임의의 두 수 a, b에 대하여 다음과 같다.
$a < b \Rightarrow f(a) < f(b)$

미분은 함수 $y=f(x)$ 가 주어져 있을 때 점$(x, f(x))$ 에서의 접선의 기울기를 의미하므로 함수 $y=f(x)$ 가 어떤 구간에서 $f'(x) > 0$ 이면 기울기가 양수이므로 $f(x)$는 증가함수이다.

(2) 감소함수

함수 f(x)에서 변량 x가 증가할 때 함숫값 f(x)이 감소하면 함수 f(x)를 '감소함수'라고 한다.

감소함수는 함수f(x)가 어떤 구간의 X의 임의의 두 수 a, b에 대하여 다음과 같다.
$a < b \Rightarrow f(a) > f(b)$

함수 $y=f(x)$ 가 어떤 구간에서 $f'(x) < 0$ 이면 기울기가 음수이므로 $f(x)$는 감소함수이다.

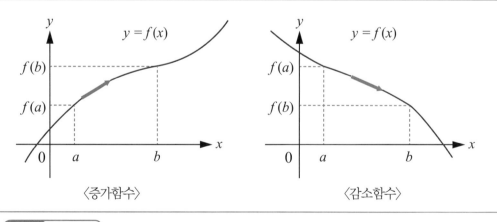

〈증가함수〉　　　　　　　　　　〈감소함수〉

그림 4-2

(3) 이계도 함수

함수 f(x)를 한 번 미분한 함수를 f′(x)로 표기하고 도함수라 한다. 이 도함수 f′(x)를 한 번 더 미분하면 도함수의 도함수를 얻을 수 있는데 (f′(x))′ = f″(x)로 표기하고 이계도함수 또는 이차도함수라 부른다. 그러므로 이계도함수는 도함수의 도함수이자 주어진 함수를 두 번 미분한 함수라고 할 수 있다. 이계도함수의 부호는 그래프의 모양을 알려주는 지표가 된다.

f(x)의 이계도함수는 다음과 같이 표현한다.

$$f''(x), \; y'', \; \frac{d^2y}{dx^2}$$

예를 들어 함수 f(x) = x³− x를 한 번 미분하면 f′(x) = 3x²−1 이다.
여기서 한 번 더 미분하면 이계도함수를 얻을 수 있는데 f″(x) = 6x 이다.

(4) 이계도 함수와 볼록

함수 f(x)가 어떤 구간에서 이계도함수가 존재할 때

- f″(x) > 0 ⇨ f′(x)가 증가 ⇨ 기울기가 증가 (체증) ⇨ 아래로 볼록
- f″(x) < 0 ⇨ f′(x)가 감소 ⇨ 기울기가 감소 (체감) ⇨ 위로 볼록

(5) 평균과 한계

1) 평균
평균이란 변수들의 총량을 변수의 개수로 나눈 값을 말한다.
총량에서 평균값을 구할 때에는 총량을 변수의 개수로 나눈다.

2) 한계
한계란 변수를 한 단위 증가시킴에 따라 변화되는 총량의 값을 말한다.
한계값을 구할 때에는 총량에 대해 1차 미분한다.

3) 평균과 한계
평균값과 한계값은 다음과 같은 관계를 가지고 있다.

$$평균 < 한계 \Rightarrow 평균이 \ 상승$$
$$평균 = 한계 \Rightarrow 평균이 \ 불변$$
$$평균 > 한계 \Rightarrow 평균이 \ 하락$$

한계값은 함수 $y = f(x)$가 주어져 있을 때 1차 미분값 $f'(x)$을 의미하므로

한계값이 0보다 큰 구간에서는 체증하며,

한계값이 0보다 작은 구간에서는 체감한다.

(6) 효용함수

1) 위험회피형 투자자 (합리적 투자자)

$U = f(W)$ 에서

- 효용함수의 1차 미분값이 0보다 크다. ($U' > 0$)
  $\Rightarrow$ 투자자의 효용은 부가 증가함에 따라 증가한다.

- 효용함수의 2차 미분값이 0보다 작다. ($U'' < 0$)
  $\Rightarrow$ 투자자의 부의 증가에 따른 효용의 증가율은 체감한다. (한계효용체감의 법칙)

2) 위험중립형 투자자

$U = f(W)$ 에서

- 효용함수의 1차 미분값이 0보다 크다. ($U' > 0$)
  $\Rightarrow$ 투자자의 효용은 부가 증가함에 따라 증가한다.

- 효용함수의 2차 미분값이 0이다. ($U'' = 0$)
  $\Rightarrow$ 투자자의 부의 증가에 따른 효용의 증가율은 일정하다.

3) 위험선호형 투자자

$U = f(W)$ 에서

- 효용함수의 1차 미분값이 0보다 크다. ($U' > 0$)
  $\Rightarrow$ 투자자의 효용은 부가 증가함에 따라 증가한다.

- 효용함수의 2차 미분값이 0보다 크다. ($U'' > 0$)
  $\Rightarrow$ 투자자의 부의 증가에 따른 효용의 증가율은 체증한다.

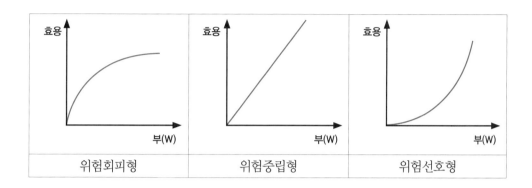

| 위험회피형 | 위험중립형 | 위험선호형 |

그림 4-3

(7) 현재가치함수

현재가치에 대한 독립변수 중 이자율 하나만을 단일 변수로 정의하고 현재가치와 이자율간의 관계를 그래프로 그리면 다음과 같다.

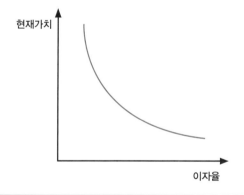

그림 4-4

현재가치 공식을 통하여 이자율 변화에 대한 현재가치의 변화금액 (이자율에 대한 채권가격의 민감도)을 측정 할 수 있다.

$$P_0 = \frac{P_n}{(1+R)^n} = P_n \times (1+R)^{-n} \text{ 에서}$$

P_0의 R에 대한 편미분의 도함수는 다음과 같다.

$$\frac{\partial P_0}{\partial R} = -n \times \frac{P_n}{(1+R)^{n+1}} \rightarrow f'(x) < 0 \text{ 이므로 } f(x) \text{는 감소함수이다.}$$

P_0의 R에 대한 이계도함수는 다음과 같다.

$$\frac{\partial^2 P_0}{\partial R^2} = n \times (n+1) \times \frac{P_n}{(1+R)^{n+2}} \rightarrow f''(x) > 0$$ 이므로 아래로 볼록한 함수이다.

1차 미분값이 의미하는 것은 할인율이 상승하면 현재가치는 하락한다는 것을 의미하며 (1차 미분값이 음(−)이므로) 2차 미분값이 의미하는 것은 할인율이 상승함에 따라 이자율과 현재가치와의 관계 그래프의 곡률이 점점 커짐을 의미한다.(2차 미분값이 양(+)이므로)

2차 미분값에 대해서 좀 더 설명하면 1차 미분값이 그래프의 기울기를 의미하고, 2차 미분값이 양(+)의 값을 가진다는 것은 1차 미분값에서 음(−)의 기울기를 가지는 값이 이자율이 커짐에 따라 0에 근접하면서 커지며 이것은 그래프 상에서 점점 완만해지는 것을 말한다.

결국 미분의 결과에 의해 이자율이 점점 상승함에 따라 감소하는 현재가치의 크기는 이자율이 점점 감소함에 따라 증가하는 현재가치의 크기보다 작다는 것을 의미한다.

예제 - 5

효용함수가 U = $\sqrt{W}$ (W : 부 > 0)인 투자자가 있다. 이 투자자에게 사고가 발생하면 재산이 100이고 사고가 발생하지 않으면 재산이 400이 된다. 사고가 발생할 확률은 0.2라고 하여 다음 각 물음에 답하시오.

(1) 투자자의 위험에 대한 태도는 무엇인가?

(2) 이 투자자의 기대부와 기대효용은 각각 얼마인가?

(3) 보험회사에서 이 투자자에게 사고가 발생하면 300을 보상해주는 조건의 보험을 제시하였다. 투자자는 보험료로 최대한 얼마의 보험료를 지불할 용의가 있겠는가?

(1) 효용함수를 미분하면 다음과 같다.

1차 미분 : $U' = 0.5 \times W^{-0.5}$

2차 미분 : $U'' = -0.25 \times W^{-1.5} < 0$

효용함수의 2차 미분 값이 0보다 작기 때문에 투자자은 <u>위험회피형</u> 투자자이다.

(2) 기대부 : E(W) = 100 × 0.2 + 400 × 0.8 = <u>340</u>

기대효용 : E(U) = $100^{0.5} \times 0.2 + 400^{0.5} \times 0.8 = \underline{18}$

(3) 보험에 가입하면 이 투자자의 부는 항상 400이 된다.

보험 가입 전 확실성등가부 : $W^{0.5} = 18 \Rightarrow W = 324$

최대보험료 = 400 − 324 = <u>76</u>

예제 - 6

만기 3년, 액면가 10,000원, 액면이자율이 0%인 무이표채가 있다.

시장이자율은 현재 10%이다. 다음 각 물음에 답하시오.

(1) 현재 채권의 가격은 얼마인가?

(2) 채권의 1차 미분값과 2차 미분값을 구하고 구하시오.

(3) 시장이자율이 8%로 하락할 때 1차 미분을 이용한 채권의 변화량은 얼마인가?

(4) 시장이자율이 8%로 하락할 때 실제 채권의 변화는 얼마인가?

(5) 시장이자율이 12%로 상승할 때 1차 미분을 이용한 채권의 변화량은 얼마인가?

(6) 시장이자율이 12%로 상승할 때 실제 채권의 변화는 얼마인가?

(1) 채권의 가격 : $P_0 = \dfrac{10,000}{1.10^3} = \underline{7,513}$원

(2) 채권의 1차 미분

$$\frac{\partial P_0}{\partial R} = -n \times \frac{P_n}{(1+R)^{n+1}} = -3 \times \frac{10,000}{1.10^4} = \underline{-20,490} < 0$$

→ $f'(x) < 0$ 이므로 $f(x)$는 감소함수이다.

채권의 2차 미분

$$\frac{\partial^2 P_0}{\partial R^2} = n \times (n+1) \times \frac{P_n}{(1+R)^{n+2}} = 12 \times \frac{10,000}{1.10^5} = \underline{+74,511} > 0$$

→ $f''(x) > 0$ 이므로 아래로 볼록한 함수이다.

(3) 1차 미분을 이용한 채권의 변화량

$$\frac{\Delta P_0}{\Delta R} = -20,490 에서 \ \Delta R = -0.02 \ \Rightarrow \ \Delta P_0 = \underline{+410}원$$

(4) 실제 채권의 변화량

$$P_0^{after} = \frac{10,000}{1.08^3} = 7,938원 \ \Rightarrow \ \Delta P_0 = 7,938 - 7,513 = \underline{+425}원$$

(5) 1차 미분을 이용한 채권의 변화량

$$\frac{\Delta P_0}{\Delta R} = -20,490에서 \ \Delta R = +0.02 \Rightarrow \Delta P_0 = \underline{-410원}$$

(4) 실제 채권의 변화량

$$P_0^{after} = \frac{10,000}{1.12^3} = 7,118원 \Rightarrow \Delta P_0 = 7,118 - 7,513 = \underline{-395원}$$

6 탄력성

(1) 탄력성

탄력성(elasticity : e)이란 독립변수 1%의 변화에 대한 종속변수의 변화율을 의미한다. 독립변수 x 에 대한 종속변수 y 의 반응도를 y 의 x 에 대한 탄력성이라고 한다.

탄력성의 값이 의미하는 것은 독립변수가 1%의 변화율을 가질 때 종속변수는 탄력성 값(%)만큼의 변화율을 갖는 다는 것을 의미한다.

ex 탄력성 = 5

독립변수가 1% 증가하면 종속변수는 5% 증가

독립변수가 1% 감소하면 종속변수는 5% 감소

탄력성은 아래와 같이 미분 값으로 표시 할 수 있다.

$$e = \frac{\dfrac{\Delta y}{y}}{\dfrac{\Delta x}{x}} = y' \times \frac{x}{y}$$

위의 식에서 y'이 의미하는 바는 독립변수의 미세한 변화가 종속변수의 변화에 미치는 영향을 의미하며, 해당 함수가 주어져 있다면 해당 함수를 독립변수로 미분한 값을 의미한다.

탄력성계수의 부호 및 절대 값 크기의 의미는 다음과 같다.

함수가 증가함수 ⇨ 탄력성 > 0

함수가 감소함수 ⇨ 탄력성 < 0

탄력성의 절대 값 > 1 ⇨ 탄력적

탄력성의 절대 값 < 1 ⇨ 비탄력적

탄력성의 절대 값 $= 1$ ⇨ 단위 탄력적

(2) 가격탄력성

1) 가격탄력성

가격탄력성이란 가격의 변화율에 대한 수요량 또는 공급량의 변화율을 말한다.

2) 수요의 가격 탄력성

$$\text{수요의 가격탄력성} = \left| \frac{\dfrac{dQ}{Q}}{\dfrac{dP}{P}} \right| = \left| \frac{dQ}{dP} \times \frac{P}{Q} \right|$$

수요의 가격탄력성이 의미하는 것은 가격이 1% 내렸을 때, 수요량이 수요의 가격탄력성 값만큼 증가한다는 것을 의미한다.

수요의 가격탄력성공식에서 절대 값을 사용한 이유는 가격과 수요량은 서로 반대의 방향으로 움직이기 때문에 항상 음(−)의 값을 가지기 때문이다.

수요의 가격탄력성 공식에서 $\frac{dQ}{dP}$ 가 의미하는 것은 가격의 미세한 변화가 수요량의 변화에 미치는 영향을 미분 값으로 표현한 것이며, 수요함수를 가격(P)로 미분한 값을 의미한다.

3) 공급의 가격 탄력성

$$\text{공급의 가격탄력성} = \frac{\dfrac{dQ}{Q}}{\dfrac{dP}{P}} = \frac{dQ}{dP} \times \frac{P}{Q}$$

공급의 가격탄력성이 의미하는 것은 가격이 1% 올랐을 때, 공급량이 공급의 가격탄력성 값만큼 증가한다는 것을 의미한다.

(3) 베타

베타(beta)는 시장포트폴리오(주가지수)의 수익률의 변동에 대해 개별 주식의 수익률이 얼마나 변동하는가를 나타내는 민감도를 의미한다.

만일 시장포트폴리오(주가지수)의 수익률이 10% 증가한다면
베타가 1인 주식은 수익률이 10% 증가
베타가 2인 주식은 수익률이 20% 증가
베타가 0.5인 주식은 수익률이 5% 증가

만일 시장포트폴리오(주가지수)의 수익률이 10% 감소한다면
베타가 1인 주식은 수익률이 10% 감소
베타가 2인 주식은 수익률이 20% 감소
베타가 0.5인 주식은 수익률이 5% 감소

(4) 레버리지도

1) 영업레버리지도 (DOL :degree of operating leverage)

매출액(S)변화율에 대한 영업이익(EBIT)변화율의 민감도

$$DOL = \frac{\dfrac{\Delta\, EBIT}{EBIT}}{\dfrac{\Delta\, S}{S}}$$

⇨ 고정영업비가 존재하면 DOL은 항상 1보다 크게 된다.

2) 재무레버리지도 (DFl :degree of financial leverage)

영업이익(EBIT)변화율에 대한 순이익(NI)변화율의 민감도

$$DFL = \frac{\dfrac{\Delta\, NI}{NI}}{\dfrac{\Delta\, EBIT}{EBIT}}$$

⇨ 이자비용이 존재하면 DFL은 항상 1보다 크게 된다.

⇨ 부채를 많이 사용하면 재무레버리지도가 증가하여 주주들이 부담하는 위험이 커져서 자기자본비용이 높아지게 된다.

3) 결합레버리지도 (DCL : degree of combined leverage)

매출액(S)변화율에 대한 순이익(NI)변화율의 민감도

$$DCL = \frac{\frac{\Delta NI}{NI}}{\frac{\Delta S}{S}} = DOL \times DFL$$

예제 – 7

(1) A기업의 경우, 매출액이 1% 증가하면 영업이익은 3% 증가한다. 이 기업의 결합레버리지도 (DCL)는 6이며, 현재 이 기업의 당기순이익은 100억 원이다. 영업이익이 10% 증가하는 경우, 이 기업의 당기순이익은 얼마가 되는가? (CPA 2004 응용)

(2) 기초자산의 현재가격이 10,000원이고 이에 대한 콜옵션의 현재가격은 2,000원이다. 콜옵션의 미분계수는 양수로 1보다 작고, 콜옵션의 기초자산에 대한 탄력성은 탄력적이다. 만일 주가가 올라서 11,000원이 된다면 콜옵션에 대한 설명 중 가장 잘 설명한 것은 무엇인가? (CPA 2008 응용)

① 콜옵션 가치는 1,000원보다 적게 증가하고 콜옵션 가치의 증가율은 10%보다 높다.
② 콜옵션 가치는 1,000원보다 많이 증가하고 콜옵션 가치의 증가율은 10%보다 높다.
③ 콜옵션 가치는 1,000원보다 적게 증가하고 콜옵션 가치의 증가율은 10%보다 낮다.
④ 콜옵션 가치는 1,000원보다 많이 증가하고 콜옵션 가치의 증가율은 10%보다 낮다.
⑤ 콜옵션 가치는 1,000원 증가하고 콜옵션 가치의 증가율은 10%이다.

(3) 기초자산의 현재가격이 10,000원이고 이에 대한 풋옵션의 현재가격은 2,000원이다. 풋옵션의 미분계수는 음수로 −1보다 크고, 풋옵션의 기초자산에 대한 탄력성 절대값은 탄력적이다. 만일 주가가 내려서 9,000원이 된다면 풋옵션에 대한 설명 중 가장 잘 설명한 것은 무엇인가? (CPA 2008 응용)

① 풋옵션 가치는 1,000원보다 적게 증가하고 풋옵션 가치의 증가율은 10%보다 높다.

② 풋옵션 가치는 1,000원보다 많이 증가하고 풋옵션 가치의 증가율은 10%보다 높다.

③ 풋옵션 가치는 1,000원보다 적게 증가하고 풋옵션 가치의 증가율은 10%보다 낮다.

④ 풋옵션 가치는 1,000원보다 많이 증가하고 풋옵션 가치의 증가율은 10%보다 낮다.

⑤ 풋옵션 가치는 1,000원 증가하고 풋옵션 가치의 증가율은 10%이다.

(1) DOL = 3이며, DCL=6이므로 DFL=2이다.

DFL = 2이므로 영업이익이 10% 증가하면 순이익은 20% 증가한다.

∴ 영업이익 증가시의 순이익 = 100억 + 100억 × 0.2 = 120억

(2) $0 < \dfrac{\Delta y}{\Delta x} < 1$ 이므로 $\Delta x = +1,000 \Rightarrow \Delta y < +1,000$원

$e > 1$ 이므로 $\dfrac{\Delta x}{x} = +10\% \Rightarrow \dfrac{\Delta y}{y} > 10\%$

정답 ①

(3) $-1 < \dfrac{\Delta y}{\Delta x} < 0$ 이므로 $\Delta x = -1,000 \Rightarrow \Delta y < +1,000$원

$e > 1$ 이므로 $\dfrac{\Delta x}{x} = -10\% \Rightarrow \dfrac{\Delta y}{y} > 10\%$

정답 ①

02 위험과 수익률

1 수익률

(1) 수익률의 의미

실물자산에 투자한 기업이나 금융자산에 투자한 투자자들은 투자를 통해 자신들이 기대하는 성과를 얻기를 원한다. 제품의 생산 또는 이자, 배당, 증권가격의 상승 등이 투자자가 얻는 성과의 형태이다. 투자에서 얻는 이러한 성과를 수익(return 또는 payoff)이라고 한다. 경제상황에 따라 투자의 수익은 이득(gain)이 될 수도 있고 손실(loss)이 될 수도 있다.

수익률(rate of return)은 1원의 투자에 대해 어느 정도의 성과를 얻었는지를 나타내는 성과이다. 수익률은 투자에 의해 얻은 수익과 투자비용의 비율로 나타낸다.

> 수익률 = (총수익 − 투자비용)/투자비용 = 총수익/투자비용 − 1

(2) 단일기간 수익률

단일기간 동안의 투자에서 얻는 수익률을 단일기간 수익률이라고 하며, 여러 형태의 수익률 중 가장 기본이 된다. 주식투자의 경우를 예로 들면, 주식을 사서 1년간 보유한 후에 다시 팔 때 발생하는 총수익에는 배당과 1년 후의 주식을 판 대금이 포함된다. 오늘 가격인 P_0인 주식 1주를 구입하고, 1년 후 D_1의 배당을 받은 다음 P_1의 가격을 받고 매각한 경우 주식투자의 수익률은 다음과 같다.

$$주식수익률 = \frac{D_1 + P_1 - P_0}{P_0} = \frac{D_1}{P_0} + \frac{P_1 - P_0}{P_0}$$

주식수익률은 배당과 자본이득에 의해 결정된다.

이 때 $\frac{D_1}{P_0}$을 배당수익률이라고 하며, $\frac{P_1 - P_0}{P_0}$을 자본이득률이라고 한다.

어떤 투자자가 S전자 주식을 주당 6,000원에 매입하여 1년 후에 주당 500원의 배당을 받고 7,000원에 팔았다면 1년 동안의 주식투자수익률을 구하시오.

배당수익률 = 500/6,000 = 8.33%
자본이득률 = (7,000 − 6,000)/6,000 = 16.67%
주식투자수익률 = 8.33% + 16.67% = <u>25%</u>

(3) 연평균수익률

투자가 여러 기간에 걸쳐 지속되는 경우 연평균수익률을 이용하여 투자성과를 분석한다. 연평균수익률은 계산방법에 따라 산술평균수익률, 기하평균수익률, 그리고 내부수익률 등으로 분류할 수 있다.

첫 번째 해의 수익률을 $_0R_1$, 두 번째 해의 수익률을 $_1R_2$ .. n번째 해의 수익률을 $_{n-1}R_n$

1) 산술연평균수익률

산술연평균수익률은 각 단일기간의 수익률을 구하여 단순히 산술평균한 것으로 재투자과정을 고려하지 않고 계산한 것이다.

$$산술연평균수익률 = (_0R_1 + _1R_2 + .. + _{n-1}R_n)/n$$

- 산술평균 : n개의 변수의 산술평균은 변수들의 총합을 변수의 개수 n으로 나눈 값
- 산술평균은 기하평균보다 크거나 같다는 특징이 있다.

2) 기하연평균수익률

각 단일기간의 (1+수익률)을 기하평균을 계산한 후 1을 뺀 값으로 매기의 단일기간 수익률로 재투자하여 복리로 가치가 증식되는 효과를 반영한 것이다.

$$기하연평균수익률 = [(1 + {_0}R_1)^1 \times (1 + {_1}R_2)^1 \times .. \times (1 + {_{n-1}}R_n)^1]^{1/n} - 1$$

- 기하평균 : n개의 양수가 있을 때, 이들 수의 곱의 n제곱근 값이다.

3) 내부수익률 (internal rate or return : IRR)

- 내부수익률은 미래에 발생하는 투자수익의 현가와 투자비용의 현가를 일치시키는 할인율로 '금액가중수익률'이라고도 불린다.
- 내부수익률은 매기 발생하는 현금흐름을 내부수익률로 계속 재투자한다는 가정에서 계산되는 값이다.
- 자본예산의 수익률 및 채권의 만기수익률이 내부수익률에 해당된다.

예제 – 9

S전자 주식의 가격과 배당이 다음과 같을 때 이 주식의 자료를 이용하여 산술평균수익률, 기하
평균수익률, 내부수익률을 구하시오.

– 현재주가 : 100
– 1년 후 : 배당 = 5, 주가 = 110
– 2년 후 : 배당 = 6, 주가 = 115

첫 번째 해의 수익률 : $_0R_1$ = (5 + 110 − 100)/100 = 15%

두 번째 해의 수익률 : $_1R_2$ = (6 + 115 − 110)/110 = 10%

(1) 산술평균수익률 = (15% + 10%) /2 = <u>12.5%</u>

(2) 기하평균수익률 = $[(1.15) \times (1.10)]^{1/2}$ − 1 = <u>12.47%</u>

(3) 내부수익률

$$100 = \frac{5}{1+IRR} + \frac{6+115}{(1+IRR)^2} \ \rightarrow \ IRR = \underline{12.53\%}$$

2 기대수익률

확률분포가 주어지면 이로부터 기댓값을 계산할 수 있다. 일반적으로 확률변수 X의 기댓값은 E(X)로 표시하며, E(X)는 각 상태가 발생할 확률에다 각 상태가 발생할 경우의 실현되는 확률변수의 값을 곱한 결과를 모두 더해서 구해진다.

$$E(X) = \sum_{i=1}^{s} p_i \times X_i$$

p_i : 상태 i 가 발생할 확률 , s : 상태의 수, X_i : 상태 i 가 발생할 때의 실현되는 확률변수 X의 값

1년 후의 배당금과 주가는 기말상황에 따라 다른 값을 가질 수 있기 때문에 기초에는 구체적인 값을 알 수 없다. 이때 각 상황에 따른 확률분포를 미리 알고 있다고 하면 다음과 같이 확률분포의 평균값으로 기대수익률(expected rate of return)을 산출할 수 있다.

예제 - 10

만기가 1년 후이고 만기일 이전에는 현금흐름이 발생하지 않는 주식A가 있다. 이 주식은 만기일에 경기가 호황인 경우 120원, 불황인 경우 110원을 투자자에게 지급한다. 주식A의 현재 적정 가격이 100원이라면, 주식 A의 기대수익률은 얼마인가?
(단, 경기가 호황과 불황이 될 확률은 각각 50%이다.)

호황일 때의 수익률 : R = (120 − 100) /100 = 20%
불황일 때의 수익률 : R = (110 −100) /100 = 10%

기대수익률 : $E(X) = \sum_{i=1}^{s} p_i \times X_i$ = 0.5 × 20% + 0.5 × 10% = <u>15%</u>

a, b는 상수이고 X, Y는 확률변수임

① E(a) = a

상수의 기댓값은 상수 자체이다.

② E(aX) = a • E(X)

확률변수 X에 일정한 배수 a를 곱한 확률변수의 기댓값은 본래의 확률변수 X의 기댓값에 a를 곱한 값과 같다.

③ E(X+Y) = E(X) + E(Y)

확률변수 X와 Y의 합의 기댓값은 각각의 기댓값의 합과 같다.

④ 위의 두 관계를 이용하면 다음의 관계가 성립한다.

E (aX+bY) = a • E(X) + b • E(Y)

다음은 경기상황에 따른 1년 후에 예상되는 투자수익률이다.

상황	확률	S전자	H자동차	국채
호황	0.5	20%	15%	5%
불황	0.5	10%	11%	5%

(1) 각 금융자산의 기대수익률은 얼마인가?

(2) 1000만원을 보유한 투자자가 700만원을 S전자에 투자하고 나머지 300만원을 H자동차에 투자한 경우 투자자의 보유자금 1000만원의 기대수익률은 얼마인가?

(1) 개별자산의 기대수익률

S전자 주식의 기대수익률 : $E(X) = 0.5 \times 20\% + 0.5 \times 10\% = \underline{15\%}$

H자동차 주식의 기대수익률 : $E(Y) = 0.5 \times 15\% + 0.5 \times 11\% = \underline{13\%}$

국채의 기대수익률 : $E(a) = a = \underline{5\%} = 0.5 \times 5\% + 0.5 \times 5\%$

(2) 포트폴리오의 기대수익률

S전자(X) 투자비중 = 0.7, H자동차(Y) 투자비중 = 0.3

포트폴리오 = 0.7X + 0.3Y

$E(aX+bY) = a \cdot E(X) + b \cdot E(Y)$

$\qquad\qquad = 0.7 \times 15\% + 0.3 \times 13\% = \underline{14.4\%}$

3 위험

(1) 위험

재무관리에서 위험(risk)이란 미래현금흐름의 변동가능성을 의미한다. 즉, 현금흐름의 변동폭이 크면 위험이 크다고 하며, 현금흐름의 변동폭이 작으면 위험이 작다고 한다.

(2) 편차

편차는 자료값 또는 변량과 평균의 차이를 나타내는 수치이다.

편차 = X − E(X)

편차를 살펴보면 자료들이 평균을 중심으로 얼마나 퍼져 있는지를 알 수 있다.

자료값이 평균보다 크면 편차는 양의 값을, 평균보다 작으면 음의 값을 갖는다.

(3) 분산

편차를 제곱한 값의 평균을 분산이라고 하며 위험의 정도를 측정하기 위하여 사용한다.

확률변수 X의 분산은 $Var(X)$ 또는 σ_X^2로 표시한다.

$$Var(X) = \sigma_X^2 = \sum_{i=1}^{s} p_i \times [X_i - E(X)]^2$$

분산의 단위는 확률변수 자체 단위의 제곱이 된다는 점을 주의하여야 한다. 수익률을 %로 표시하면 수익률 분산의 단위는 $\%^2$이 된다. $1\%^2$를 소수로 전환하면 0.0001이 된다.

(4) 표준편차

분산의 양의 제곱근을 표준편차라고 확률변수 X의 표준편차는 σ_X로 표시한다.

$$\sigma_X = \sqrt{Var(X)}$$

만기가 1년 후이고 만기일 이전에는 현금흐름이 발생하지 않는 주식A가 있다. 이 주식은 만기일에 경기가 호황인 경우 120원, 불황인 경우 110원을 투자자에게 지급한다. 주식A의 현재 적정가격이 100원이라면, 주식 A의 표준편차는 얼마인가?
(단, 경기가 호황과 불황이 될 확률은 각각 50%이다.)

(1) 주식의 기대수익률 = $0.5 \times 20\% + 0.5 \times 10\% = 15\%$

(2) 주식수익률의 분산

$$Var(X) = \sigma_X^2 = \sum_{i=1}^{s} p_i \times [X_i - E(X)]^2 = 0.5 \times [20-15]^2 + 0.5 \times [10-15]^2 = \underline{25\%^2}$$

(3) 주식수익률의 표준편차

$$\sigma_X = \sqrt{Var(X)} = \sqrt{25} = \underline{5\%}$$

확률변수들의 분산은 다음과 같은 연산법칙이 성립한다.

---

a, b는 상수이고 X, Y는 확률변수임

① $Var(a) = 0$

상수a의 분산은 0이다.

② $Var(aX) = a^2 Var(X)$

확률변수 X에 일정한 배수 a를 곱한 확률변수의 분산은 본래의 확률변수 X의 분산에 a의 제곱을 곱한 값과 같다.

③ $Var(X+Y) = Var(X) + Var(Y) + 2Cov(XY)$

확률변수 X와 Y의 합의 분산은 각각의 분산에다 둘 사이의 공분산을 두 배하여 더한 것과 같다.

④ 위의 두 관계를 이용하면 다음의 관계가 성립한다.

$$Var(aX + bY) = a^2 Var(X) + b^2 Var(Y) + 2ab Cov(XY)$$

4 공분산과 상관계수

(1) 공분산(covariance)

공분산은 두 개의 확률변수의 관계를 보여주는 값이다. 즉 확률변수 X와 Y에 대해 X가 변할 때 Y가 변하는 정도를 나타내는 값이다. 공분산은 $Cov(X,Y)$ 또는 σ_{XY}로 표시하며 각 확률변수의 편차의 곱의 평균으로 계산한다.

$$Cov(X,Y) = \sigma_{XY} = \sum_{i=1}^{s} p_i \times [X_i - E(X)] \times [Y_i - E(Y)]$$

공분산의 단위는 분산의 단위와 마찬가지로 확률변수 자체 단위의 제곱이 된다는 점을 주의하여야 한다. 수익률을 %로 표시하면 수익률 분산의 단위는 $\%^2$이 된다.

(2) 상관계수(coefficient of correlation)

공분산의 크기는 두 변수의 측정 단위에 따라 달라지므로 의미를 부여하기에 적절하지 않다. 공분산을 각 변수의 표준편차로 나누면 어떤 단위를 사용하든 같은 값을 얻게 되는데, 이 값을 상관계수라고 한다. 상관계수는 ρ_{XY}로 표시하며 다음과 같이 계산한다.

$$\rho_{XY} = \frac{Cov(X,Y)}{\sigma_X \times \sigma_Y}$$

상관계수는 −1에서 +1 사이의 값을 갖는다.

상관관계가 강할수록 1 또는 −1에 가깝고 서로 연관이 없으면 0에 가깝다.

- 상관계수 = +1 : 두 확률변수는 양(+)의 기울기를 갖는 직선관계
- 상관계수 = −1 : 두 확률변수는 음(−)의 기울기를 갖는 직선관계
- 상관계수 = 0 : 두 확률변수가 무관한 관계에 있음
- 상관계수 > 0 : 한 변수가 평균보다 큰(작은) 값을 취하면 다른 변수도 평균보다 큰(작은) 경향이 있음
- 상관계수 < 0 : 한 변수가 평균보다 큰(작은) 값을 취하면 다른 변수도 평균보다 작은(큰) 경향이 있음

다음은 경기상황에 따른 1년 후에 예상되는 투자수익률이다.

상황	확률	S전자	H자동차	국채
호황	0.5	20%	15%	5%
불황	0.5	10%	11%	5%

(1) 각 금융자산의 기대수익률의 분산과 표준편차는 각각 얼마인가?

(2) S전자 주식과 H자동차 주식의 수익률의 공분산과 상관계수는 각각 얼마인가?

(3) 1000만원을 보유한 투자자가 700만원을 S전자에 투자하고 나머지 300만원을 H자동차에 투자한 경우 투자자의 보유자금 1000만원의 수익률의 분산과 표준편차는 얼마인가?

(1) 개별자산의 위험

   1) S전자 주식 수익률의 위험

$$Var(X) = 0.5 \times [20-15]^2 + 0.5 \times [10-15]^2 = \underline{25\%^2}$$

$$\sigma_X = \sqrt{25} = \underline{5\%}$$

   2) H자동차 주식 수익률의 위험

$$Var(Y) = 0.5 \times [15-13]^2 + 0.5 \times [11-13]^2 = \underline{4\%^2}$$

$$\sigma_Y = \sqrt{4} = \underline{2\%}$$

(2) 공분산과 상관계수

$$Cov(X, Y) = \sigma_{XY} = \sum_{i=1}^{s} p_i \times [X_i - E(X)] \times [Y_i - E(Y)]$$

$$= 0.5 \times [20-15] \times [15-13] + 0.5 \times [10-15] \times [11-13] = \underline{10\%^2}$$

$$\rho_{XY} = \frac{Cov(X, Y)}{\sigma_X \times \sigma_Y} = \frac{10}{5 \times 2} = \underline{+1}$$

(3) 포트폴리오의 위험

   포트폴리오 = 0.7X + 0.3Y

$$Var(aX + bY) = a^2 Var(X) + b^2 Var(Y) + 2ab\, Cov(XY)$$

$$= 0.7^2 \times 25 + 0.3^2 \times 4 + 2 \times 0.7 \times 0.3 \times 10 = \underline{16.81\%^2}$$

$$\sqrt{Var(aX+bY)} = \sqrt{16.81} = \underline{4.1\%}$$

확률변수들의 공분산은 다음과 같은 연산법칙이 성립한다.

---

a, b는 상수이고 X, Y는 확률변수임

① $Cov(a, X) = 0$

　상수 a와 확률변수 X와의 공분산은 0이다.

② $Cov(X, X) = Var(X)$

　확률변수 X와 X의 공분산은 확률변수 X의 분산이다.

③ $Cov(aX, bY) = abCov(X, Y)$

　확률변수 X에 일정한 배수 a를 곱한 값과 확률변수 Y에 일정한 배수 b를 곱한 값의
　공분산은 두 확률변수 X와 Y의 공분산에 a와 b를 곱한 것과 같다.

④ $Cov(X + Y, Z) = Cov(X, Z) + Cov(Y, Z)$

　두 확률변수 X와 Y의 합과 또 다른 확률변수 Z의 공분산은 X와 Z의 공분산과 Y와
　Z의 공분산의 합과 같다.

⑤ 위의 두 관계를 이용하면 다음의 관계가 성립한다.

　$$Cov(aX + bY, cZ) = acCov(X, Z) + bcCov(Y, Z)$$

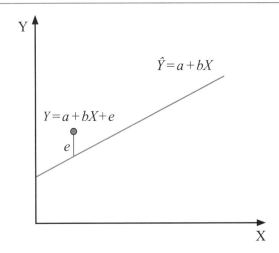

03 회귀분석

1 단순회귀분석

(1) 회귀분석의 기본개념

회귀분석(regression analysis)은 독립변수(independent variable)가 종속변수(dependent variable)에 미치는 영향을 확인하고자 사용하는 분석방법이다. 회귀분석은 다른 독립변수들을 고정시키고 한 가지 독립변수만을 변화시킬 때 종속변수가 어떻게 변화하는지를 확인한다. 종속변수와 관련이 있는 독립변수를 찾을 때, 또 독립변수들 간의 관계를 이해하고자 할 때 사용한다.

하나의 종속변수와 하나의 독립변수 사이의 관계를 분석할 때 단순회귀분석(simple regression analysis)이라 하고, 하나의 종속변수와 여러 독립변수 사이의 관계를 규명하고자 할 때 다중회귀분석(multiple regression analysis)이라 한다.

(2) 단순회귀분석(simple regression analysis)

단순회귀분석이란 하나의 독립변수로 종속변수와의 관계를 분석하는 것이다. 단순회귀분석의 모형은 독립변수와 종속변수의 관계를 선형으로 가정하여 다음과 같이 나타낸다.

$\hat{Y} = a + bX$

$Y = a + bX + e$

$Y = a + bX + e$
a : 회귀선의 절편(회귀상수)
b : 회귀선의 기울기(회귀계수)
X : 독립변수의 관찰된 값
Y : 종속변수의 관찰된 값
e : 잔차 (오차)

그림 4-5

$\hat{Y}$: 회귀모형으로 추정된 종속변수의 값

$\hat{Y} = a + bX$

Y : 실제 관찰된 종속변수 값

$Y = a + bX + e$

잔차 (residual, e)

회귀모형에 의하여 추정된 종속변수의 값과 실제 관찰된 종속변수 값과의 차이

$e = Y - \hat{Y}$

(3) 회귀선의 가정

통계적 추론을 위해서는 단순회귀분석은 다음과 같은 가정 하에 이루어진다.

> ① $E(e) = 0$
>
>   잔차(오차)는 평균이 0인 무작위변수이다.
> ② $Cov(X, e) = 0$
>
>   잔차(오차)는 독립변수와 상관관계가 없다.

(4) 최소자승법 (least squares method)

회귀 분석을 시행함에 있어 그 방정식의 계수를 구하기 위해 가장 흔히 사용하는 방법으로 수집된 통계자료에 대해 오차 제곱의 합이 최소가 되는 회귀계수 a와 b를 찾는다.

$$\sum_{i=1}^{n} (Y_i - \hat{Y}_i)^2 \text{을 최소화 하는 } b = \frac{Cov(X, Y)}{Var(X)} , \quad a = \overline{Y} - b \times \overline{X}$$

(5) 결정계수(coefficient of determination)

회귀분석에서 추정한 회귀선이 실제 표본을 어느 정도 설명해 주고 있는지를 측정하는 계수를 말한다. 이 값이 1인 경우에는 회귀선이 자료와 완벽한 일치를 보임을 의미한다. 반대로 결정계수 값이 0인 경우에는 회귀선이 자료의 분포를 전혀 설명하지 못함을 의미한다. 통계학에서 결정계수는 r로 표현되는 상관계수(coefficient of correlation)를 제곱한 것과 같기 때문에 r^2으로 표현된다.

(6) 원가함수추정 (원가관리회계)

원가함수는 원가행태를 함수로 표시한 것으로 조업도의 변화에 따른 총원가의 변화를 나타낸다. 원가함수의 추정방법 중 하나가 회귀분석법이다.

> $\hat{Y} = a + bX$
>
> X = 조업도, Y=추정된 총원가
> ➪ a = 총고정원가
> ➪ b = 단위당 변동원가

(7) 시장모형 (재무관리)

시장포트폴리오(주가지수)의 수익률이 모든 주식들에 영향을 주는 유일한 공통요인이라는 가정 하에 시장포트폴리오(주가지수)의 수익률을 독립변수로 하고, 개별주식의 수익률을 종속변수로 하여 단순회귀선을 시장모형(market model) 또는 단일지수모형이라고 한다. 시장모형의 기울기가 시장포트폴리오에 대한 개별주식의 민감도를 나타내는 베타이다.

> $Y = a + bX + e$
>
> X = 시장포트폴리오(주가지수)의 수익률, Y=개별주식의 수익률
> ➪ b = 개별주식의 베타 (체계적 위험)
> ➪ e = 개별주식의 고유의 위험(비체계적 위험)

2 다중회귀분석

(1) 다중 회귀 분석(multiple regression analysis)

다중 회귀 분석은 변수 간의 인과 관계를 통계적 방법에 의해 추정하는 회귀 분석의 일종이다. 회귀 분석에는 원인이 되는 독립 변수와 결과가 되는 종속 변수가 존재하는데, 이때 종속 변수는 하나이고 독립 변수가 2개 이상인 회귀 모델에 대한 분석을 수행하는 방법이 다중 회귀 분석이다.

예를 들어, 사람들의 뇌의 크기, 키, 몸무게 값(다중독립 변수)으로 그 사람의 지능(종속 변수)을 예측하고자 한다면, 이 경우 다중 회귀 분석을 적용할 수 있다.

다중 회귀 분석의 기본적인 목표는 다중 회귀식에서 상수 및 계수를 구하는 것이다. 독립변수가 k개인 다중회귀식은 다음과 같이 구한다.

$$Y = a + b_1 X_1 + b_2 X_2 + .. + b_k X_k + e$$

Y : 실제 관찰된 종속변수 값

(2) 회귀선의 가정

통계적 추론을 위해서는 다중회귀분석은 다음과 같은 가정 하에 이루어진다.

① $E(e) = 0$

　잔차(오차)는 평균이 0인 무작위변수이다.

② $Cov(X, e) = 0$

　잔차(오차)는 독립변수와 상관관계가 없다.

③ $Cov(X_i, X_j) = 0$

　하나의 독립변수는 다른 독립변수와 상관관계가 없다.

문제 1

시장에는 다음 두 위험자산만이 존재한다고 하자.

	기대수익률	표준편차
주식 A	18%	35%
주식 B	8%	22%

두 주식 수익률간의 공분산은 0이다. 시장포트폴리오를 구성하는 주식 A와 B의 구성비는 각각 68%와 32%이다. 시장포트폴리오의 기대수익률과 표준편차는 각각 얼마인가?

(CPA 2013)

주식A의 수익률 = X, 주식B의 수익률 = Y

포트폴리오 = 0.68X + 0.32Y

포트폴리오의 기대수익률

$E(aX+bY) = aE(X) + bE(Y) = 0.68 \times 18\% + 0.32 \times 8\% = \underline{14.8\%}$

포트폴리오의 위험

$Var(aX+bY) = a^2 Var(X) + b^2 Var(Y) + 2ab Cov(XY)$

$\qquad = 0.68^2 \times 35^2 + 0.32^2 \times 22^2 + 2 \times 0.68 \times 0.32 \times 0 = \underline{616\%^2}$

$\sqrt{Var(aX+bY)} = \sqrt{616} = \underline{24.8\%}$

정답 14.8%, 24.8%

문제 2

펀드K를 운용하고 있는 펀드매니저는 펀드의 위험을 표준편차로 추정하고 월간 수익률자료를 분석한다. 과거 5년간 펀드K와 KOSPI의 평균수익률은 각각 3.0%, 2.0%이다. 또한 KOSPI 수익률의 표준편차는 3.0%, 펀드K 수익률과 KOSPI 수익률의 상관계수는 0.8이다. 펀드K 수익률을 종속변수로, KOSPI 수익률을 독립변수로 한 단순회귀분석의 결과는 다음과 같다. 펀드K의 표준편차로 가장 적절한 것은? (CPA 2011)

변수	추정계수
상수	0.15
KOSPI 수익률	1.60

① 5.2%   ② 5.8%   ③ 6.0%   ④ 7.5%   ⑤ 8.0%

(1) 펀드K의 베타계수

단순회귀분석 : $Y = a + bX + e$

X = KOSPI의 수익률, Y=펀드K의 수익률, a = 0.15, b =1.60

⇨ KOSPI 수익률 추정계수 1.60이 펀드K의 베타계수이다.

(2) 펀드K의 표준편차

$$b = \frac{Cov(X, Y)}{Var(X)}$$

$$1.60 = \frac{0.8 \times \sigma_X \times 3}{3^2} \rightarrow \sigma_X = \underline{6\%}$$

정답 3

최근 주식시장에 상장된 주식 A의 최초의 3거래일 동안 주식 A와 시장포트폴리오의 일별 수익률은 다음과 같다. 문제 풀이의 편의를 위해 아래 자료가 주식 A의 수익률 자료의 전체 모집단이라 가정한다. (CPA 2009 응용)

	주식 A의 수익률	시장포트폴리오의 수익률
거래일 1	0.1	0.1
거래일 2	0.3	0.2
거래일 3	-0.1	0.0

위자료에 근거하여 주식 A와 시장포트폴리오의 공분산 및 상관계수를 구하시오.

(1) 주식 A의 기대수익률 : $E(X) = \dfrac{10 + 30 - 10}{3} = 10\%$

(2) 시장포트폴리오의 기대수익률 : $E(Y) = \dfrac{10 + 20 + 0}{3} = 10\%$

(3) 주식 A와 시장포트폴리오의 공분산 :
$$Cov(X, Y) = \frac{(10-10) \times (10-10) + (30-10) \times (20-10) + (10+10) \times (0-10)}{3} = \underline{133\%^2}$$

(4) 주식 A의 표준편차
$$Var(X) = \frac{(10-10)^2 + (30-10)^2 + (-10-10)^2}{3} = 267\%^2$$
$$\sigma_X = \sqrt{267} = 16.32\%$$

(5) 시장포트폴리오의 표준편차
$$Var(Y) = \frac{(10-10)^2 + (20-10)^2 + (0-10)^2}{3} = 67\%^2$$
$$\sigma_Y = \sqrt{67} = 8.19\%$$

(6) 주식 A와 시장포트폴리오의 상관계수 :
$$\rho_{XY} = \frac{Cov(X, Y)}{\sigma_X \times \sigma_Y} = \frac{133}{16.32 \times 8.19} = \underline{+1}$$

정답 0.0133, +1

문제 4

영업레버리지(operating leverage)와 관련된 설명으로 적절하지 않은 것은? (CPA 1992)

① 영업레버리지는 기업의 영업비용 중에서 고정영업비의 부담 정도를 의미한다.
② 영업레버리지분석은 고정영업비의 존재로 인하여 매출액의 일정한 변화율에 대응하여 영업이익이 보다 크게 변화하는 영업손익의 확대효과를 분석하는 것이다.
③ 영업레버리지의 측정방법으로는 매출액의 변화율에 대한 영업이익의 변화율의 크기를 나타내는 영업레버리지도(DOL)가 사용된다.
④ 영업레버리지도는 매출액 단위 % 변화에 대한 영업이익(EBIT)의 변화정도를 말한다.
⑤ 자본집약적 산업보다 노동집약적 산업의 영업레버리지도(DOL)가 크게 나타난다.

자본집약적 산업은 노동집약적 산업보다 감가상각비와 같은 고정비 비중이 높기 때문에 영업레버리지도(DOL)가 더 크게 나타난다.

정답 5

영업레버리지도(DOL), 재무레버리지도(DFL), 결합레버리지도(DCL)에 관한 설명으로 가장 적절하지 <u>않은</u> 것은? (CPA 2016)

① 영업이익(EBIT)이 영(0)보다 작은 경우, 음(−)의 DOL은 매출액 증가에 따라 영업이익이 감소함을 의미한다.
② 고정영업비가 일정해도 DOL은 매출액의 크기에 따라 변화한다.
③ DCL은 DOL과 DFL의 곱으로 나타낼 수 있다.
④ 이자비용이 일정해도 DFL은 영업이익의 크기에 따라 변화한다.
⑤ 영업이익이 이자비용(이자비용 > 0)보다 큰 경우, 영업이익이 증가함에 따라 DFL은 감소하며 1에 수렴한다.

$DOL = \dfrac{\dfrac{\triangle EBIT}{EBIT}}{\dfrac{\triangle S}{S}}$ 에서 항상 매출액(S)는 0보다 크기 때문에

$EBIT < 0,\ DOL < 0$ 이라면 미분계수는 0보다 크다.
따라서 매출이 증가하면 영업이익도 증가한다.

만일 $EBIT < 0,\ DOL > 0$ 이라면 미분계수는 0보다 작다.
따라서 매출이 증가하면 영업이익이 감소한다.

정답 1

문제 6

주식 A와 주식 B의 베타계수가 동일하다. 주식 A와 시장포트폴리오의 상관계수는 주식 B와 시장포트폴리오의 상관계수의 2배이다. 주식 A의 표준편차가 10%라면, 주식 B의 표준편차는? (CPA 2019 응용)

① 5%   ② 10%   ③ 15%   ④ 20%   ⑤ 25%

$b = \dfrac{Cov(X, Y)}{Var(X)}$ 에서

$$\frac{\rho_{AM} \times \sigma_A \times \sigma_M}{\sigma_M^2} = \frac{\rho_{BM} \times \sigma_B \times \sigma_M}{\sigma_M^2}$$

$$2 \times \rho_{BM} \times 10 = \rho_{BM} \times \sigma_B$$

$$\sigma_B = \underline{20\%}$$

정답 4

SMART
재무관리

입문

Chapter

05

금융상품의 기초

금융상품의 기초

 01   채 권

1   채권의 기초

채권이란 일반적으로 정부, 공공기관, 민간기업 등이 비교적 장기로 불특정 다수로부터 거액의 자금을 조달하기 위하여 정해진 이자와 원금의 지급을 약속하면서 발행하는 증권을 말한다. 채권은 매 기간 투자자에게 일정 금액의 이자가 지급된다는 점에서 고정소득증권 (fixed-income securities)으로 불린다.

채권 투자자는 채권을 발행시장에서 인수하거나 유통시장에서 매입할 수 있으며 이자소득 외에 가격변동에 따른 자본이득(capital gain)을 기대할 수 있다.

채권의 가격은 수익률로서 나타내며 이는 경제, 물가 등 경제의 기초여건, 발행자의 신용상태, 수급여건, 채권시장 하부구조(market infrastructure)의 효율성 등에 의해 결정된다.

2 채권의 종류

채권은 발행주체, 지급보증 여부, 이자지급 방법 등에 따라 종류가 구분된다.

(1) 발행주체에 따른 분류

1) 국채 : 국가(정부)

2) 지방채 : 지방자치단체

3) 통화안정증권 : 한국은행

4) 회사채 : 주식회사

5) 금융채 : 은행 등 금융회사

6) 특수채 : 예금보험공사 등 특별한 법률에 의해 설립된 법인이 발행

(2) 보증유무

1) 보증채 : 공신력이 높은 제3자가 원리금 지급을 보증하는 채권

2) 담보부채 : 원리금의 상환을 보증하기 위하여 담보가 설정된 채권

3) 무보증채 : 지급보증이 없이 단지 발행주체의 자체 신용도에 따라서 발행

(3) 이자지급방법에 따른 분류

1) 이표채

- 정해진 단위기간마다 이자를 주기적으로 지급하는 방식의 채권
- 이자지급 주기는 대부분 3개월, 6개월 단위로 이자가 지급되고 있다.
- 표면이율이 10%이고 3개월 후급 이표채의 경우 매 3개월마다 지급되는 이자금액은 액면 10,000원을 기준으로 250원이며 만기에는 이자 250원과 원금 10,000원을 받게 된다.

2) 할인채(무이표채)
만기시까지의 총이자를 채권발행 시에 미리 공제하는 방식으로 선지급하고 만기에는 원금에 해당하는 액면금액만 지급하는 형태의 채권

3) 복리채

- 채권발행 후 만기까지 이자지급 단위기간의 수만큼 복리로 이자가 재투자되어 만기에 원금과 이자가 동시에 지급되는 채권
- 액면금액 10,000원, 만기 3년, 표면이율 5%인 1년 단위 재투자복리채의 만기상환금액
  $= 10,000 \times 1.05^3 = 11,576$원

(4) 지급이자 변동유무에 따른 분류

1) 고정금리부채권 (Straight Bond)

금리변동에 상관없이 발행 당시의 확정된 표면이율로 이자를 지급하는 채권

2) 변동금리부채권 (Floating rate Bond)

이자지급액이 고정되어 있지 않고, 기준금리에 연동되어 지급이자율이 재조정되는 채권

※ **LIBOR (London inter-bank offered rate)**

영국 런던에서 우량은행끼리 단기자금을 거래할 때 적용하는 금리

(5) 상환기간에 따른 분류

1) 단기채 (Short-term Bond) : 1년 이하의 채권

2) 중기채 (Mid-term Bond) : 1년 초과 5년 이하의 채권

3) 장기채 (Long-term Bond) : 5년 초과의 채권

(6) 원금상환방법에 따른 분류

1) 만기상환채 : 채권의 원금을 만기일에 일시 상환하는 채권

2) 분할상환채 : 일정 거치기간 경과 후 원리금을 일정하게 분할하여 상환하는 채권

3) 연속상환채 : 채권을 상이한 만기를 가진 여러 개의 조로 나누어 발행

4) 감채기금채 : 채권의 원리금 상환가능성을 높이기 위해 감채기금 적립을 요구하는 채권

※ **감채기금 (sinking fund)** : 채권의 상환자원을 확보하기 위하여 적립하는 자금

(7) 표시통화에 따른 분류

1) 자국통화표시채 : 원화로 채권에 관련된 권리를 표시한 채권

2) 외화표시채 : 타국의 통화로 채권에 관련된 권리를 표시한 채권 (해외발행 전환사채 등)

(8) 발행가격에 따른 분류

1) 액면발행 : 채권의 발행가액이 액면금액과 동일

2) 할인발행 : 채권의 발행가액이 액면금액보다 낮음

3) 할증발행 : 채권의 발행가액이 액면금액보다 높음

(9) 옵션에 따른 분류

1) **전환사채 (C/B : convertible bond)**

채권자의 청구에 의하여 발행기업의 보통주로 전환할 수 있는 권리가 부여된 채권

2) **신주인수권부사채 (B/W : bond with warrants)**

채권자의 청구에 의하여 발행기업의 일정수량의 보통주를 일정가격으로 매입할 수 있는 채권

3) **교환사채 (E/B : exchangeable bond)**

채권자의 청구에 의하여 발행회사가 보유한 유가증권으로 전환할 수 있는 권리가 부여된 채권

4) **수의상환채 (callable bond)**

발행자가 만기일 전에 채권을 상환할 수 있는 콜옵션을 갖는 채권

5) **상환청구채 (puttable bond)**

채권자가 만기일 전에 채권을 상환을 요구할 수 있는 풋옵션을 갖는 채권

(10) 기타

1) **영구채 (perpetual bond)**

원금을 상환하지 않고 일정 이자만을 영구히 지급하는 채권

2) 후순위채권

채무 변제순위에서 일반 채권보다는 뒤지나 우선주나 보통주보다는 우선하는 채권

3) 자산유동화증권(ABS : asset backed securities)

부동산, 매출채권, 유가증권, 주택저당채권 및 기타 재산권 등과 같은 기업이 보유한 유형/무형자산을 기초로 하여 발행된 증권

※ 자산유동화(Asset Securitization)

상대적으로 유동성이 떨어지지만 재산적 가치가 있는 자산을 담보로 증권을 발행하여 유통시키는 방법으로 대상자산의 유동성을 높이는 일련의 행위

---

3 채권의 가치평가

채권의 가치평가를 위하여 다음과 같이 기호를 정의한다. (이자지급주기 1년 기준)

n : 채권의 만기(maturity date)

F : 채권의 원금(액면가, 만기가치, 상환가치)

C : 연간 액면이자(coupon)

B_0 : 채권의 현재가치

R : 채권의 할인율(만기수익률)

(1) 이표채

이표채(coupon-bearing bond)는 이자지급일에 액면이자와 만기에 원금을 지급하는 채권으로 이표채의 가치평가는 액면이자와 원금의 현재가치의 합으로 다음과 같이 계산한다.

$$
\begin{aligned}
B_0 &= \frac{C}{(1+R)} + \frac{C}{(1+R)^2} + \cdots + \frac{C}{(1+R)^n} + \frac{F}{(1+R)^n} \\
&= \sum_{t=1}^{n} \frac{C}{(1+R)^t} + \frac{F}{(1+R)^n} \\
&= C \times PVIFA(R,n) + F \times PVIF(R,n)
\end{aligned}
$$

(2) 무이표채(할인채권)

　　무이표채(zero coupon bond)는 만기일 전에 이자를 지급하지 않는 채권으로 순수할인채권(pure discount bond) 또는 할인채권이라고도 한다. 무이표채는 액면이자율이 0%이므로 형식상 액면이자가 지급되지 않으나 이자비용은 할인된 가격에 반영되어 있다.

$$B_0 = \frac{F}{(1+R)^n} = F \times PVIF(R,n)$$

(3) 영구채

　　영구채권(consol bond , perpetual bond)은 원금을 상환하지 않고 액면이자만을 영구히 지급하는 채권으로 영구채의 가치는 다음과 같이 평가한다.

$$B_0 = \frac{C}{(1+R)} + \frac{C}{(1+R)^2} + \cdots + \frac{C}{(1+R)^\infty} = \frac{C}{R}$$

(4) 시장이자율과 채권가격

- 시장이자율과 채권가격은 역의 관계에 있다.
- 액면이자율 < 시장이자율 → 액면금액 = 채권가격
- 액면이자율 > 시장이자율 → 액면금액 < 채권가격 → 할증(premium)
- 액면이자율 < 시장이자율 → 액면금액 > 채권가격 → 할인(discount)

(5) 만기와 채권가격

　　채권은 만기가 길수록 수익률에 대한 채권가격의 변화율이 크다. 시장이자율이 동일한 크기로 변동할 때 잔존 기간(만기)이 긴 채권이 잔존 기간(만기)이 짧은 채권보다 가격 변동폭이 크기 때문이다.

[그림 5-1]은 만기가 10년인 채권과 만기가 30년인 채권의 가격이 수익률의 변화에 대하여 어떻게 변하는지를 보여준다. 만기 30년인 채권이 만기 10년인 채권보다 가격 변동폭이 더 큰 것을 알 수 있다.

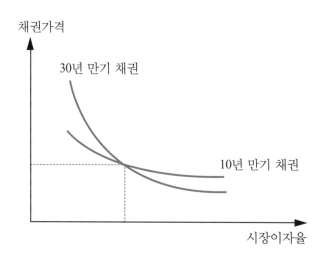

그림 **5-1** 시장이자율 및 만기와 채권가격

(6) 말킬의 채권가격정리

경제학자 말킬(B. G. Malkeil)이 채권 수익률과 가격의 관계에 관해 정리한 다섯 가지 원칙

① 채권 가격과 수익률은 역의 관계이다.
② 잔존 기간(만기)이 긴 채권이 잔존 기간(만기)이 짧은 채권보다 가격 변동폭이 크다.
③ 채권 수익률 변동에 따른 채권 가격의 변동폭은 만기가 길어질수록 증가하나 그 증가율은 체감한다.
④ 잔존 기간(만기)이 일정할 때 채권 수익률 하락으로 인한 가격 상승폭이 같은 폭의 수익률 상승으로 인한 채권 가격 하락폭보다 크다.
⑤ 표면이자율이 높을수록 채권 가격 변동폭이 작다.

4 채권수익률

(1) 채권수익률의 추산

채권의 현재 거래가격을 알고 있으면 시장이자율(할인율)을 산출할 수 있다. 이때 시장이자율이란 현재 거래가격으로 채권을 구입하여 만기까지 보유할 경우에 미래의 현금유입을 가져다 주는 내부수익률과 같은 것이기 때문에 만기수익률(YTM : yield-to-maturity) 또는 채권수익률이라고 한다.

이표채의 채권가격평가모형에서 채권가격이 주어진 상황에서 미지수인 R을 구하면 이 값이 채권수익률이 된다. 이때 R은 만기(n)에 의해 결정되는 n차 방정식의 해가 되는데 방정식을 풀기가 어렵기 때문에 대개 시행착오(trial and error)를 반복하여 근사값을 구한다.

정확한 만기수익률은 시행착오법으로 구해야 하나 흔히 실무에서는 다음의 공식을 사용하여 채권수익률의 근사치를 구하기도 한다.

$$\text{채권수익률(근사치)} = \frac{C + \dfrac{F-B}{n}}{\dfrac{F+B}{2}}$$

위 식의 분자는 연간 평균이익을 의미하며, 분모는 평균 투자금액을 의미한다.

(2) 채권수익률의 결정요인

대체로 채권수익률을 결정하는 요인으로 다음과 같이 네 가지 요인을 들 수 있다.

$$y = f(x1, x2, x3, x4)$$
$$R = f(\text{자본의 한계생산성, 물가상승률, 만기, 채무불이행 위험})$$

$x1$, $x2$: 기업외적요인, $x3$, $x4$: 기업내적요인

1) 자본의 한계생산성

- 자본의 한계생산성 = 1단위 자본을 이용한 실물투자의 수익률 = 실질이자율(r)
- 경제 성장추세 → 자본의 한계생산성 증가 → 실질이자율 증가

2) 물가상승률 (inflation)

- 명목이자율(R) : 인플레이션을 고려하지 않은 이자율

- 실질이자율(r) : 인플레이션을 고려한 이자율

- 피셔 효과(Fisher Effect)

  인플레이션이 명목이자율에 미치는 효과를 설명하는 이론으로 다음과 같다.

$$(1+R) = (1+r) \times (1+inf)$$

R : 명목이자율, r : 실질이자율, inf : 예상물가상승률

- 실질이자율에 예상물가상승률까지 반영된 명목이자율 = 무위험이자율(Rf)

3) 만기 (maturity)

만기가 길수록 채권가격의 변동가능성이 크기 때문에 더 높은 이자율 요구

4) 채무불이행위험 (default risk)

- 채무불이행위험 : 채권의 원리금이 계약대로 지불되지 않을 가능성

- 국채보다 회사채의 수익률이 더 높은 이유

- 신용평가기관들은 채권평정(bond rating)을 통하여 각 채권의 채무불이행위험을 알려 줌

- S&P 기준

  투자등급 : AAA, AA, A, BBB

  투기증급(junk bond) : BB, B, CCC, CC, C, D

5) 채권수익률의 결정식

위의 내용을 정리하면 채권수익률의 결정식은 다음과 같이 정리된다.

채권수익률= 무위험이자율 + risk premium

risk premium = 만기프리미엄 + 채무불이행 프리미엄

원금 10,000원, 표시이자율 연 8%, 만기 3년인 A채권이 현재 9,503원에 거래되고 있다.

(1) A채권의 정확한 만기수익률을 구하시오

(2) A채권의 만기수익률 근사치를 구하시오.

(1) 정확한 만기수익률

$$B_0 = \sum_{t=1}^{n} \frac{C}{(1+R)^t} + \frac{F}{(1+R)^n}$$

$$9{,}503 = \frac{800}{(1+YTM)^1} + \frac{800}{(1+YTM)^2} + \frac{800+10{,}000}{(1+YTM)^3}$$

위의 식을 고차방정식으로 풀거나 시행착오법으로 풀면 <u>YTM = 10%</u>

(2) 근사치 만기수익률

$$YTM = \frac{C + \dfrac{F-B}{n}}{\dfrac{F+B}{2}} = \{800 + (10{,}000 - 9{,}503)/3\} \div \{(10{,}000 + 9{,}503)/2\} = \underline{9.90\%}$$

5 IFRS

(1) 투자채무상품

금융자산은 파생금융상품과 비파생금융상품으로 구분된다. 비파생금융상품은 채무상품과 지분상품으로 구분되며 채무상품에 대한 국제회계기준을 요약하면 다음과 같다.

	이자수익	후속측정	평가손익	취득시 거래원가
AC 금융자산	유효이자	상각후원가	해당없음	취득원가에 가산
FVOCI 금융자산	유효이자	공정가치	기타포괄손익	취득원가에 가산
FVPL 금융자산	표시이자	공정가치	당기손익	당기비용

(2) 금융부채

금융부채에 대한 국제회계기준을 요약하면 다음과 같다.

	이자비용	후속측정	평가손익	사채발행비
AC 금융부채	유효이자	상각후원가	해당없음	금융부채에서 차감
FVPL 금융부채	표시이자	공정가치	당기손익	당기비용

(3) 상각후 원가(AC)

채권수익률이 변하지 않더라고 만기일에 접근하면 채권가격은 액면금액에 접근하게 되며 IFRS에서는 이를 상각후원가라고 한다.

취득시점의 채권가격 (t=0) : $B_0 = \sum_{t=1}^{n} \frac{C}{(1+R)^t} + \frac{F}{(1+R)^n}$

1년 후의 채권가격 (t=1) : $B_1 = \sum_{t=1}^{n-1} \frac{C}{(1+R)^t} + \frac{F}{(1+R)^{n-1}}$

위의 두 식을 정리하면 $B_1 = B_0 \times (1+R) - C = B_0 + B_0 \times R - C$

t시점의 상각후원가의 계산식은 다음과 같다.

$$B_t = B_{t-1} \times (1+R) - C$$

(4) 공정가치(FV)

후속측정시점의 시장이자율(채권수익률)로 할인한 채권가격을 IFRS에서는 공정가치(FV)라고 한다.

예제 - 2

액면금액이 10,000원이고 액면이자율이 연 10%, 만기가 5년인 채권의 현재 거래가격이 9,279원이며, 채권수익률은 12%이다.

(1) 채권수익률이 12%로 일정하다고 가정하고 매년 말 채권가격을 구하시오.

(2) 1년 후 채권수익률이 8%가 되었다면 채권가격은 얼마인가?

(1) 상각후 원가

$$[t=0] \quad B_0 = \sum_{t=1}^{5} \frac{1,000}{(1.12)^t} + \frac{10,000}{(1.12)^5} = 9,279$$

$$[t=1] \quad B_1 = \sum_{t=1}^{4} \frac{1,000}{(1.12)^t} + \frac{10,000}{(1.12)^4} = 9,279 + 9,279 \times 12\% - 1,000 = 9,393$$

$$[t=2] \quad B_2 = \sum_{t=1}^{3} \frac{1,000}{(1.12)^t} + \frac{10,000}{(1.12)^3} = 9,393 + 9,393 \times 12\% - 1,000 = 9,520$$

$$[t=3] \quad B_3 = \sum_{t=1}^{2} \frac{1,000}{(1.12)^t} + \frac{10,000}{(1.12)^2} = 9,520 + 9,520 \times 12\% - 1,000 = 9,662$$

$$[t=4] \quad B_4 = \sum_{t=1}^{1} \frac{1,000}{(1.12)^t} + \frac{10,000}{(1.12)^1} = 9,662 + 9,662 \times 12\% - 1,000 = 9,821$$

$$[t=5] \quad B_5 = \frac{10,000}{(1.12)^0} = 9,821 + 9,821 \times 12\% - 1,000 = 10,000$$

(2) 공정가치

$$[t=1] \quad B_1 = \sum_{t=1}^{4} \frac{1,000}{(1.08)^t} + \frac{10,000}{(1.08)^4} = \underline{10,662}$$

⇨ FVOCI 금융자산의 평가손익 = 10,662 − 9,393 = +1,269

02 주식

1 주식의 기초

주식은 채권과 더불어 시장에서 거래되는 가장 중요한 금융자산이다. 주식은 주식회사가 주주로부터 자본을 제공받고 발행한 증서로서 보통주와 우선주의 성격은 다음과 같다.

(1) 보통주 (common stock)

보통주의 주주는 기업의 소유주이므로 경영과 이익분배에 참여할 권리를 갖는 반면, 기업의 경영성과에 대한 위험을 부담한다. 보통주의 주주는 기업경영을 책임질 임원을 선출하는 의결권을 가짐으로써 기업경영에 간접적으로 참여하게 된다. 보통주의 법률상 권리는 의결권, 배당청구권, 잔여재산 분배청구권 등이 있으며 보통주주는 유한책임을 갖는다.

주식회사의 주주는 자신이 투자한 금액을 초과하는 회사의 채무나 손실에 대하여 아무런 책임도지지 않는다. 이를 주주의 유한책임이라고 한다.

회사가 청산하는 경우 주주는 기업재산에 대한 청구권을 갖고 있는 모든 이해관계자에게 재산을 분배한 후 남는 잔여재산에 대해서만 권리를 갖는다. 이를 잔여재산청구권이라고 한다.

의결권(voting right)은 주주가 주주총회에 출석하여 결의에 참여할 수 있는 권리를 말한다. 주주의 의결권 행사에서 가장 중요하고 기본적인 것은 주주를 대리하는 이사회의 구성원을 선임하는 것이다. 이사선임에 사용되는 의결권 행사방법으로 과반수투표제, 집중투표제, 초다수결의제가 있다.

기업이 새로이 발행하는 주식을 미리 정한 가격에 인수할 수 있는 권리를 신주인수권(stock right)이라고 하며 이를 나타낸 증서를 신주인수권증서라고 한다. 기업은 새로 발행하는 주식을 기존주주에게 우선적으로 판매할 수 있는데 이때 주주는 자신의 지분율에 비례하여 신주인수권을 받을 수 있다. 신주인수권을 통하여 신주를 기존주주에게 우선적으로 할당하여 주식을 발행하는 방법을 주주배정이라고 한다.

신주의 발행가액은 일반투자자의 투자를 유도하기 위하여 기존주식의 시장가격보다 낮은 수준으로 정하는 것이 보통이다. 증자의 경우 신주 인수권이 없어진 상태를 권리락이라고 하며, 배당권이 없어진 경우는 배당락이라 한다. 권리락이 됨에 따라 신주권이 없는 상태의 주식가격을 권리락 주가라고 하고, 배당권이 없어진 주가를 배당락 주가라고 한다.

(2) 우선주 (preferred stock)

이익배당 및 잔여재산분배와 관련하여 보통주와 다른 내용을 갖는 주식으로 우선주가 있다. 우선주는 기업이 청산할 때 잔여재산과 이익에 대한 청구권의 우선순위가 회사채보다 낮지만 보통주보다는 높은 증권이다.

우선주는 회사채의 성격과 보통주의 성격이 복합된 증권이라고 할 수 있다. 우선주의 배당은 보통주에 우선하나, 배당금을 지급하지 않는 것이 기업을 파산선고까지 끌고 갈 법적 이유가 되지는 않는다. 우선주는 회계기준상에서는 자기자본으로 처리되지만, 확정배당금은 고정비용이므로 그 성격은 채권과 유사하다.

우선주에는 누적적 우선주와 비누적적 우선주가 있는데. 대부분의 우선주는 누적적 우선주의 특징을 지니고 있다. 우선주 발행기업이 예정된 배당을 지급하지 못할 때는 그 부족된 배당분에 대하여 장래에 보상을 약속하는 것이 누적적 우선주이다.

기업이 이익이 많아서 우선주 배당 후 보통주에 대한 배당을 하고도 이익이 많이 남을 때에 우선주에 대해서 추가적으로 이익분배에 참여토록 하는 경우가 있는데 이러한 우선주를 참가적 우선주라 한다. 반면에 추가적인 이익분배에 참가하지 못하는 우선주를 비참가적 우선주라고 하다.

대개의 경우 주주총회에서 우선주 주주에게는 의결권이 주어지지 않는다. 그러나 우선주에 대하여 약속한 배당금을 지급하지 못한 경우에는 회사의 정관에 명시된 조건에 따라 의결권이 부활될 수 있다.

우선주는 보통주와 마찬가지로 만기가 없다. 그러나 기업들은 우선주를 영구적인 자본조달의 원천으로 보지 않기 때문에 상환규정을 두는 것이 보통이다. 상환우선주(redeemable preferred stock)는 우선주로 발행된 후 만기가 되면 사채와 마찬가지로 상환된다. 상환우선주 중 발행기업이 만기 전에 상환할 수 있는 권리를 갖는 경우를 수의상환우선주라고 한다.

우선주 주주의 의사에 의하여 보통주로 전환될 수 있는 우선주를 전환우선주(convertible preferred stock)라고 한다. 기업은 상환과 전환의 특성이 결합된 상환전환우선주를 발행할 수 있다.

(3) 자기주식 (treasury stock)

자기주식 또는 자사주는 기업이 발행한 주식을 다시 매입하여 보유하고 있는 주식을 말한다. 자기주식은 보통주의 법률상 권리인 의결권, 배당청구권, 잔여재산 분배청구권이 없기 때문에 자산으로 인식할 수 없으며, 자본에서 차감한다.

(4) 주식관련 재무비율

1) 주당이익 (EPS : earning per share)
보통주순이익을 유통주식수로 나눈 값이다.
유통주식수 = 발행주식수 − 자기주식

2) 자기자본순이익률 (ROE : return on equity)
당기순이익을 자기자본의 장부가격으로 나눈 값이다.

3) 배당성향
주당 배당금을 주당이익으로 나눈 값이다.

4) 유보율
순이익을 재투자를 위하여 유보한 비율이다.
유보율 = 1 − 배당성향

(5) 주가지수

KOSPI(Korea Composite Stock Price Index)는 종합주가지수를 뜻하는 단어로, 현재는 유가증권시장의 주가지수를 코스피지수, 유가증권시장을 코스피시장이라고 부르기도 한다. 현재 코스피지수는 시가총액식 주가지수로 1980년 1월 4일 시가총액을 기준시점으로 현재의 지수를 산출하고 있다. (기준지수 100)

KOSPI200지수는 증시를 대표하는 종목 200개를 선정, 종합주가지수(KOSPI)의 움직임을 반영할 수 있도록 만든 지수로 주가지수 선물 및 옵션의 거래대상이 된다.

상장지수펀드(ETF: Exchange Traded Fund)는 특정 주가지수의 수익률에 연동되도록 설계된 지수연동형 펀드로 한국거래소에 상장되어 일반주식처럼 거래되는 상품이다. 따라서 ETF를 매수하면 해당 주가지수를 구성하는 종목 전체를 매수하는 것과 동일한 효과를 얻을 수 있다.

미국 주식시장의 움직임을 종합적으로 나타내는 주가지수로는 다우존스산업평균지수, S&P500지수 및 나스닥(NASDAQ)지수가 있다. 글로벌 증시 투자자들이 투자실적 비교, 각 국별 투자비중산정 등에 기준으로 삼는 지수로는 MSCI(Morgan Stanley Capital International)지수가 있다.

(6) 공매도(short sale)

공매도(short sale)는 소유하지 않은 증권을 매도하는 투자기법을 말하며 소유하지 않은 상장증권을 매도하는 무차입공매도(naked short)와 차입한 상장증권으로 결제하고자 매도하는 차입공매도(covered short)로 구분된다.

공매도는 공정가격 발견 기능을 제고하고 시장유동성을 공급할 뿐만 아니라 위험관리수단을 제공하여 다양한 투자기법의 개발을 가능하게 하는 순기능을 갖고 있다. 그러나 결제불이행 등으로 증권시스템이 큰 위험에 직면할 수 있는 데다 시세조종 등과 같은 불공정거래 행위가 발생할 소지가 있어 규제의 대상이 되기도 한다.

2 주식의 가치평가

주식의 균형가격이 시장가격보다 크면 그 주식은 과소평가 되어있으며 투자자들은 주식을 매수한다. 주식의 균형가격이 시장가격보다 작으면 그 주식은 과대평가 되어있으며 투자자들은 주식을 매도한다. 이처럼 투자자들의 투자행동에 기초가 되는 것이 주식의 균형가격이며 이를 구하는 과정이 주식의 가치평가이다. 주식의 가치평가는 현금흐름할인모형과 상대가치평가모형으로 구분되며 현금흐름할인모형의 대표적인 모형이 배당할인모형이며, 상대가치평가모형의 대표적인 모형이 PER평가모형이다.

(1) 배당할인모형 (DDM)

가치평가의 원칙은 어느 증권의 가치를 평가하기 위해서는 투자자가 증권의 보유로부터 얻게 될 것으로 예측되는 현금흐름을 결정하여야 한다. 주식을 보유하게 되면 얻게 되는 현금흐름이 배당금이므로 주식의 가치는 주식보유기간 동안 수령하게 되는 배당금의 현재가치의 합으로 계산되며 이러한 평가방법을 배당할인모형(DDM: dividend discount model)이라고 한다. 이때 할인율은 배당금의 위험을 조정한 이자율이어야 한다.

주식에 대해 적용할 할인율을 R, 매년 기대되는 주당배당금을 D_t라고 할 때 주식의 균형가격(P_0)은 다음과 같이 계산한다.

$$P_0 = \sum_{t=1}^{\infty} \frac{D_t}{(1+R)^t}$$

결국 배당할인모형은 주식의 가치는 미래의 모든 주당배당금의 현재가치와 같음을 의미한다. 이 모형에서 배당금의 예측이 매우 어렵기 때문에 배당금이 일정한 비율로 증가하는 가정으로 주식의 가치를 계산하는데 이 부분에 대한 설명은 재무관리 본 과정에서 설명한다.

(2) PER 평가모형

주가가 실제 기업의 가치에 비해 고평가 혹은 저평가되어 있는지 여부를 판단하고자 할 때 활용되는 대표적인 지표로 PER(Price Earning Ratio, 주가수익비율)가 있다.

PER는 기업의 주가를 주당순이익(EPS: Earning Per Share)으로 나눈 값으로 해당기업의 주가가 그 기업 주당이익의 몇 배 수준으로 거래되는가를 나타낸다. 예를 들어, 어떤 기업의 주당이익이 2,000원이고 주가는 30,000원이라면 PER은 15가 된다.

$$PER = \frac{P_0}{EPS_0}$$

이에 따라 특정 기업의 현재 PER 값이 과거 추이 혹은 수익구조가 유사한 타 기업 등과 비교해 높을 경우 주가가 기업가치에 비해 고평가되었다고 판단할 수 있으며 반대로 낮으면 주가가 저평가되었을 가능성이 크다고 할 수 있다. 증권시장에서는 PER가 높은 주식을 성장주, PER가 낮은 주식을 가치주라고 한다.

PER를 이용하여 주가를 산출하는 방법은 다음과 같다.

$$P_0 = EPS_0 \times PER$$

3 배당

(1) 배당지급절차

1) 배당기준일

- 배당을 받은 권리를 갖는 주주를 확정하기 위하여 주주명부를 폐쇄하는 날
- 12월31일

2) 배당락일

- 배당을 받을 권리가 상실되는 첫 거래일
- 거래소 폐장일 2영업일 전
- 배당부주가 : 배당락일 전 주가
- 배당락주가 : 배당락일 주가

3) 배당발표일 : 이사회 결의일 또는 주주총회일

4) 배당지급일 : 발표일 이후 1개월 이내

(2) 현금배당

현금배당을 지급하면 배당금만큼 배당락이 발생하여 주가는 감소하며, 자기자본의 시장가치도 감소한다. 현금배당은 유통주식수에 영향이 없기 때문에 EPS에는 영향을 주지 않는다. 그러나 세금이나 거래비용이 없는 완전자본시장에서는 주주의 부는 영향을 받지 않는다. 현금배당의 재무비율 효과는 다음과 같다.

- 유통주식수 : 불변
- EPS : 불변
- 주가 : 감소
- 자기자본의 시장가치 : 감소

예제 - 3

(주)미래는 현재 100주의 주식을 발행하고 있으며, 자기자본비용은 10%라고 한다. 이 회사는 지금 주당 3,000원, 그리고 내년부터 매년 4,700원의 배당을 계속하여 지급한다고 한다.

(1) 배당락일 직전의 배당부 주가는 얼마인가?
(2) 배당락일 당일의 주가인 배당락 주가는 얼마인가?
(3) 주식 1주를 보유한 주주의 부는 배당락일 직전과 배당락일 각각 얼마인가?

(1) 배당부 주가 = 3,000 + 4,700/0.1 = 50,000원
(2) 배당락 주가 = 4,700 / 0.1 = 47,000원
(3) 배당락일 직전 주주의 부 = 50,000원(주식)
  배당락일 주주의 부 = 47,000원(주식) + 3,000원(현금)
  ∴ 주주의 부는 변함이 없다.

(3) 자사주 매입

자사주매입은 기업이 이미 발행한 주식을 다시 매입하여 보유하는 것으로 배당의 효과를 거둘 수 있다. 자사주매입을 하면 자기자본의 가치는 감소하며 유통주식수가 감소하여, 주당이익은 증가한다. 자사주매입이 주가에 미치는 영향은 자사주 매입가격을 얼마로 하느냐에 따라 달라진다. 자사주 매입 이후의 주가는 달라진다. 자사주매입의 재무비율 효과는 다음과 같다.

- 유통주식수 : 감소
- EPS : 증가
- 주가 : 자사주 매입가격에 따라 달라짐 (예제4 참고)
- 자기자본의 시장가치 : 감소

예제 - 4

예제3에서 (주)미래가 주당 3,000원의 배당을 지급하는 대신 자사주매입을 한다고 하자.

(1) 주당 50,000원에 자사주를 매입한다면 매입한 후의 주가는 얼마인가?
(2) 주당 30,000원에 자사주를 매입한다면 매입한 후의 주가는 얼마인가?
(3) 주당 60,000원에 자사주를 매입한다면 매입한 후의 주가는 얼마인가?

(1) 자사주 매입금액 = 3,000 × 100 = 300,000원

   자사주 매입 주식수 = 300,000 / 50,000 = 6주

   자사주 매입이후 유통주식수 = 100 − 6 = 94주

   자사주 매입이후 자기자본의 시장가치 = 50,000 × 100 − 300,000 = 4,700,000원

   자사주 매입이후 주가 = 4,700,000 / 94 = 50,000원

   ⇨ 시장가격으로 자사주를 매입하면 주가에는 변동이 없다.

(2) 자사주 매입 주식수 = 300,000 / 30,000 = 10주

   자사주 매입이후 유통주식수 = 100 − 10 = 90주

   자사주 매입이후 자기자본의 시장가치 = 50,000 × 100 − 300,000 = 4,700,000원

   자사주 매입이후 주가 = 4,700,000 / 90 = 52,222원

   ⇨ 시장가격보다 낮은 가격으로 자사주를 매입하면 주가는 높아진다.

(3) 자사주 매입 주식수 = 300,000 / 60,000 = 5주

   자사주 매입이후 유통주식수 = 100 − 5 = 95주

   자사주 매입이후 자기자본의 시장가치 = 50,000 × 100 − 300,000 = 4,700,000원

   자사주 매입이후 주가 = 4,700,000 / 95 = 49,474원

   ⇨ 시장가격보다 높은 가격으로 자사주를 매입하면 주가는 낮아진다.

(4) 주식배당

주식배당은 이익잉여금을 자본금으로 전입하여 기존주주들에게 무상으로 신주를 발행하는 것이다. 주식배당을 하면 자기자본의 가치는 변하지 않지만 발행주식수가 증가하여, 주가와 주당이익은 감소한다. 기존주주의 입장에서는 주가가 하락하는 만큼 주식수가 증가하므로 주주의 부에는 전혀 변화가 없다. 주식배당의 재무비율 효과는 다음과 같다.

- 유통주식수 : 증가
- EPS : 감소
- 주가 : 감소
- 자기자본의 시장가치 : 변함없음
- 자본금 : 증가
- 이익잉여금 : 감소

(5) 주식분할

주식분할은 주당 액면가를 낮추어서 기존의 주식 1주를 여러 개의 주식으로 나누는 것이다. 주식분할을 하면 자기자본의 가치는 변하지 않지만 발행주식수가 증가하여, 주가와 주당이익은 감소한다. 기존주주의 입장에서는 주가가 하락하는 만큼 주식수가 증가하므로 주주의 부에는 전혀 변화가 없다. 주식분할의 재무비율 효과는 다음과 같다.

- 유통주식수 : 증가
- EPS : 감소
- 주가 : 감소
- 자기자본의 시장가치 : 변함없음
- 자본금 : 변함없음
- 주당 액면금액 : 감소

(6) 주식병합

　주식병합은 주당 액면가를 높여서 기존의 여러 개의 주식을 1개의 주식으로 합하는 것이다. 주식병합을 하면 자기자본의 가치는 변하지 않지만 발행주식수가 감소하여, 주가와 주당이익은 증가한다. 기존주주의 입장에서는 주가가 상승하는 만큼 주식수가 감소하므로 주주의 부에는 전혀 변화가 없다. 주식병합의 재무비율 효과는 다음과 같다.

- 유통주식수 : 감소
- EPS : 증가
- 주가 : 증가
- 자기자본의 시장가치 : 변함없음
- 자본금 : 변함없음
- 주당 액면금액 : 증가

(7) 무상증자

　형식적으로는 자본금을 증가시켜 발행주식수가 늘어나지만 실질적으로는 기업의 자기자본과 자산이 증가하지 않는 증자방식이다. 무상증자를 하면 자기자본의 가치는 변하지 않지만 발행주식수가 증가하여, 주가와 주당이익은 감소한다. 기존주주의 입장에서는 주가가 하락하는 만큼 주식수가 증가하므로 주주의 부에는 전혀 변화가 없다. 무상증자의 재무비율 효과는 다음과 같다.

- 유통주식수 : 증가
- EPS : 감소
- 주가 : 감소
- 자기자본의 시장가치 : 변함없음
- 자본금 : 증가
- 자본잉여금 및 이익잉여금 : 감소

예제 - 5

(주)미래의 자기자본은 다음과 같이 구성되어 있다.

  – 보통주 자본금 (액면 500원, 주식수 60주) : 30,000원

  – 자본잉여금 : 10,000원

  – 이익잉여금 : 20,000원

  – 자기자본 총액 : 60,000원

(1) 25% 주식배당을 한 경우 주식배당후의 자기자본 구성은 어떻게 되는가?

(2) 2:1 주식분할을 한 경우 주식분할후의 자기자본 구성은 어떻게 되는가?

(3) 4:1 주식병합을 한 경우 주식병합후의 자기자본 구성은 어떻게 되는가?

(1) 주식배당으로 인하여 새로 발행하는 주식수 = 60주 × 25% = 15주

  자본금 : 30,000 + 15주 × 500 = 37,500원 (액면 500원, 주식수 75주)

  자본잉여금 : 10,000원

  이익잉여금 : 20,000 − 15주 × 500 = 12,500원

  자기자본총액 : 60,000원

(2) 주식분할 이후의 주식수 = 60주 × 2 = 120주

  자본금 : 30,000원 (액면 250원, 주식수 120주)

  자본잉여금 : 10,000원

  이익잉여금 : 20,000원

  자기자본총액 : 60,000원

(3) 주식병합 이후의 주식수 = 60주/4 = 15주

  자본금 : 30,000원 (액면 2,000원, 주식수 15주)

  자본잉여금 : 10,000원

  이익잉여금 : 20,000원

  자기자본총액 : 60,000원

4 IFRS

(1) 투자지분상품

금융자산 중 투자지분상품에 대한 국제회계기준을 요약하면 다음과 같다.

	현금배당	주식배당	후속측정	평가손익
FVOCI 금융자산	배당수익	회계처리 없음	공정가치	기타포괄손익
FVPL 금융자산				당기손익

(2) 가치평가기법

1) 시장접근법

동일하거나 비교 가능한 자산에 대한 시장거래에서 생성된 가격이나 기타 관련 정보를 사용 ⇨ PER 평가모형

2) 이익접근법

미래금액을 단일의 현행금액으로 전환하는 방법
⇨ 배당평가모형

(3) 거래비용

1) 취득시 거래원가

- FVOCI 금융자산 : 취득원가에 가산
- FVPL 금융자산 : 당기비용

2) 주식발행비

주식의 발행금액에서 차감하므로 납입자본의 감소 효과

03 실전문제

문제 1

자사주매입과 관련된 설명으로 잘못된 것은? (CPA 1993)

① 시장에서 자사주의 가격이 낮게 형성되어 있을 경우에 매입한다.
② 현금배당과 같은 효과를 나타낸다.
③ 주식가격은 상승하고 주당이익은 증가한다.
④ 주식재매입 전후의 주주부에는 변동이 없다.
⑤ 부채비율이 상대적으로 높아져 자본구조가 악화된다.

자사주매입은 발행주식수의 감소로 EPS는 증가하지만 주가변동은 자사주의 매입가격에 따라 다르다.
자사주 매입가격 < 주가 ⇨ 자사주 매입 후 주가 상승
자사주 매입가격 > 주가 ⇨ 자사주 매입 후 주가 하락
자사주 매입가격 = 주가 ⇨ 자사주 매입 후 주가 불변

정답 ③

주식배당의 효과로 옳은 것은? (CPA 1995)

① 주당이익이 증가한다.
② 기업의 재무상태표에는 아무런 영향이 없다.
③ 현금배당과 효과가 동일하다.
④ 기존주주의 부에는 아무런 영향이 없다.
⑤ 기업의 위험이 감소한다.

① 주식수 증가 ⇨ 주당이익 감소
② 이익잉여금 감소, 자본금 증가
③ 현금배당은 자기자본이 감소하지만, 주식배당은 자기자본의 크기는 변동이 없다.
④ 주식배당, 주식분할, 주식병합, 무상증자는 기존주주의 부에는 아무런 영향이 없다.
⑤ 기업의 위험에는 영향을 주지 않는다.

정답 4

문제 3

기업이 자사주를 매입하고자 하는 동기에 대한 설명 중 가장 타당성이 낮은 것은? (CPA 1997)

① 채권자를 보호하는 수단이다.
② 성과급 주식옵션의 실행을 위한 수단이다.
③ 현금배당에 대한 주주의 소득세를 절감할 수 있는 수단이다.
④ 적대적 M&A에 대한 방어수단이다.
⑤ 주가가 저평가 되었을 때 이 사실을 투자자에게 전달하는 수단이다.

자사주 매입은 주당이익 증가 및 주가가 저평가 되었다는 정보를 주식시장에 알려주는 신호효과가 있기 때문에 주주에게는 긍정적 효과가 있지만 채권자에게는 아래의 효과 때문에 채권자의 부를 감소시키는 부정적 효과가 있다.

자사주 매입 ⇨ 부채비율 증가 ⇨ 채무불이행위험 증가 ⇨ 채권수익률 증가 ⇨ 채권가격 하락

정답 1

현금배당과 자사주 매입을 비교한 다음의 서술 중 옳지 않은 것은? (CPA 2001)

① 현금배당 직후에는 EPS의 변화가 없으나, 자사주 매입 직후에는 EPS가 증가한다.

② 시장의 불완전성이 없다면 투자자나 기업 모두 두 방식에 대해 무차별하다.

③ 현금배당 직후와 자사주 매입 직후 모두 주가이익비율(PER)이 감소한다.

④ 세금을 고려하는 경우 자사주 매입이 현금배당보다 투자자에게 유리하다.

⑤ 향후 자사의 이익이 많이 증가할 것으로 예상할 때, 기업은 현금배당을 선호한다.

① 자사주 매입은 유통주식수를 감소하여 EPS가 증가한다.

② 완전자본 시장에서는 주주의 부에는 영향을 주지 못한다.

③ 현금배당 ⇨ 주가 하락, EPS 불변 ⇨ PER의 감소

자사주 매입 ⇨ 주가 불변, EPS의 증가 ⇨ PER의 감소.

④ 현금배당으로 배당소득세가 증가하기 때문에 세금을 고려하면 자사주 매입을 더 선호한다.

⑤ 완전자본 시장에서는 주주의 부에는 영향을 주지 못한다.

정답 5

문제 5

다음은 10:1 주식분할(stock split)에 대한 설명이다. 이 중 가장 옳지 않은 것은?(단, 주식분할과 관련된 모든 비용은 무시한다.) (CPA 2003)

① 주식의 액면가는 1/10로 하락한다.
② 장부상 자본잉여금이 자본금으로 전입될 뿐 자기자본 총액에는 변동이 없다.
③ 주주의 지분권(기업지배권)에는 변동이 없다.
④ 발행주식수가 10배 증가한다.
⑤ 주당순이익(EPS)이 1/10로 하락하고, 이론적인 주가는 1/10수준으로 하락한다.

자본잉여금을 자본금으로 전입하는 것은 무상증자이며, 주식분할과 주식병합은 자기자본의 구성 및 총액에 영향을 주지 않는다.

정답 2

자본금이 액면가 500원인 보통주 10,000주로 구성되어 있고, 주가가 주당 2,500원인 (주)도고는 기존의 사업을 확장하는데 필요한 500만원을 유상증자를 통해 조달하려고 한다. 우리사주조합에서는 신주발행 물량의 일부를 할인된 가격에 배정해줄 것을 회사에 요청했지만 신주인수권은 모두 기존 주주에게 소유지분 비례대로 배정될 것이다. 신주인수권은 주식과 분리되어 시장에서 별도로 거래된다. 신주의 발행가격이 주당 2,000원으로 결정되고, 신주인수권의 가격이 100원인 경우 다음의 설명 중 옳은 것은? (단, 유상증자와 관련된 모든 비용은 무시하고, 기존 주주들이 신주 인수에 필요한 자금을 조달 하는 데는 아무런 제약이 없다고 가정한다.) (CPA 2003)

① 기존 주주의 기업지배권을 보호하기 위해 제도적으로 기존 주주가 아닌 제3자에게는 신주인수권을 배정할 수 없다.
② 신주의 발행가격이 주가(시장가격)보다 낮게 책정되었으므로 주주들은 배정된 신주인수권을 행사하여 발행 주식을 모두 인수하는 것이 유리하다.
③ 기업지배권을 고려하지 않고 투자수익만을 생각한다면 주주들은 발행주식을 인수하는 대신 신주인수권을 직접 매각하는 것이 유리하다.
④ 기존 주주들이 배정된 신주발행 물량을 모두 인수한다면 발행가격은 주주들의 부에 아무런 영향을 미치지 않는다.
⑤ 기존 주주들이 신주를 모두 인수하더라도 유상증자 후 EPS의 감소와 주가하락으로 주주의 부는 감소한다.

신주발행 전 자기자본의 시장가치 = 10,000주 × 2,500원 = 2,500만원
신주발행주식수 = 500만원 ÷ 2,000원 = 2,500주
권리락 주가 = $\dfrac{2,500만원 + 500만원}{10,000주 + 2,500주}$ = 2,400원
권리부 주가 = 2,500원
신주인수권의 가치 = 2,500 − 2,400 = 100원

① 제3자에게 신주인수권을 배정하는 것은 제도적으로 허용이 된다.
② 기존주주에게 배정되는 경우 신주인수권의 행사여부는 주주의 부에는 무차별하다.
③ 기존주주에게 배정되는 경우 신주인수권의 매각여부는 주주의 부에는 무차별하다.
④ 기존주주에게 배정되는 경우 주주의 부는 일정하다.
⑤ 기존주주에게 배정되는 경우 주당이익과 주가는 하락하지만 주주의 부는 일정하다

정답 4

문제 7

완전자본시장을 가정했을 때 배당정책의 효과에 관한 설명으로 가장 적절하지 않은 것은? (단, 자사주는 시장가격으로 매입한다고 가정한다.) (CPA 2018)

① 주식배당 시, 발행주식수는 증가하며 주가는 하락한다.
② 자사주 매입 시, 발행주식수는 감소하며 주가는 변하지 않는다.
③ 현금배당 시, 발행주식수의 변화는 없으며 주가는 하락한다.
④ 현금배당 또는 자사주 매입 시, 주가이익비율(PER)은 증가한다.
⑤ 현금배당 또는 자사주 매입 시, 기존주주의 부는 변하지 않는다.

현금배당 ⇨ 주가 하락, EPS 불변 ⇨ PER의 감소
자사주 매입 ⇨ 주가 불변, EPS의 증가 ⇨ PER의 감소

정답 4

문제 8

A기업의 경우, 매출량이 1% 증가하면 영업이익은 3% 증가한다. 이 기업의 결합레버리지도 (DCL)는 6이며, 현재 이 기업의 주가수익비율(PER)은 12이다. 영업이익이 10% 증가하는 경우, 주가가 10% 상승한다면 PER는 얼마가 되는가? (CPA 2004)

① 10　　　　　　② 11　　　　　　③ 12　　　　　　④ 15　　　　　　⑤ 18

$DCL = DOL \times DFL$

$6 = 3 \times DFL \Rightarrow DFL = 2$

영업이익이 10%증가하면 당기순이익 (주당이익)은 20%가 증가

$PER = \dfrac{P}{EPS} \Rightarrow PER^{after} = 12 \times \dfrac{1.10}{1.20} = 11$

정답 2

재무관리

입문

Chapter

06

파생상품의 기초

파생상품의 기초

 01 **파생상품과 위험관리**

1 파생상품

파생금융상품(financial derivatives)은 그 가치가 통화, 채권, 주식 등 기초금융자산(underlying asset)의 가치변동에 의해 결정되는 금융상품으로서 계약형태에 따라 크게 선도계약, 선물, 옵션, 스왑 등으로 구분된다. 또한 기초자산의 유형에 따라서는 통화, 금리, 주식, 신용관련 상품 등으로, 거래방법에 따라 장내 및 장외거래로 구분할 수 있다.

2 위험관리

(1) 위험관리란?

위험관리(risk management)란 경영활동 또는 투자활동에서 발생하는 불확실성의 원인을 파악하고 이에 따라 기업 또는 투자자가 손해를 줄이거나 방지하기 위한 사전적인 활동이라고 할 수 있다. 위험관리는 기업이나 투자자가 목표로 하는 위험수준에 맞추어 포지션의 위험을 낮추거나 높이는 활동을 말한다.

선물, 옵션, 스왑 등의 파생상품은 이러한 위험관리에 매우 효과적인 수단이다. 위험관리기법에는 분산투자, 헤지, 보험, 투기가 있다.

(2) 분산투자

투자자금을 한 종류의 자산에 집중하여 투자하지 않고 여러 자산에 골고루 투자하여 위험을 줄이거나 없애는 전략을 분산투자라고 한다. 이렇게 함으로써 위험이 줄어드는 현상을 분산효과라고 한다.

분산효과는 상관관계가 낮은 자산을 결합할수록 크게 나타나며, 포트폴리오를 구성하는 자산의 수가 많을수록 크게 나타난다.

분산투자를 통해 줄일 수 있는 위험을 비체계적 위험이라고 하고, 분산효과의 한계로 인하여 더 이상 줄일 수 없는 위험을 체계적 위험이라고 한다.

(3) 헤지(hedge)

헤지(hedge)는 분산투자와 마찬가지로 가격변동으로부터 발생하는 위험을 줄이거나 없애려는 투자전략이다. 헤지 전의 포지션을 '헤지대상'이라고 하고, 또 헤지 대상의 위험을 없애기 위한 수단을 '헤지수단'이라고 하다.

헤지대상과 헤지수단의 포지션은 반대가 되어야 하며, 가격변동의 상관관계가 +1에 가까울수록 헤지는 효과적이다.

(4) 보험(insurance)

보험(insurance)은 가격변동으로 인해 포지션의 가치가 하락할 때 입게 되는 손실을 일정수준에서 막아 주면서, 가격변동으로 인한 포지션의 가치가 상승할 때 얻을 수 있는 이익의 기회를 추구하는 전략이다. 헤지가 모든 위험을 없애고자 하는 전략이라면, 보험은 하방위험을 없애고자 하는 전략이다. 보험 전의 포지션을 '보험대상'이라고 하고, 또 보험 대상의 위험을 없애기 위한 수단을 '보험수단'이라고 하다.

보험은 헤지에 비해 손실이 발생하는 위험만을 없애 준다는 점에서 매우 매력적인 위험관리수단이다. 그러나 보험은 헤지보다 비용이 많이 든다는 단점이 있다.

(5) 투기(speculation)

투기(speculation)은 미래의 가격움직임을 예측하고 이를 이용하여 이익을 얻으려는 거래행위를 말한다. 가격움직임에 대한 예상이 맞을 경우 큰 이익을 얻을 수 있으나. 예상이 틀릴 경우 큰 손실을 입을 수 있다.

02 선물

1 선도와 선물

선도계약(forward contracts)과 선물(futures)은 기초자산을 미래 특정시점에 특정가격으로 사고 팔기로 약정하는 계약이라는 점에서 동일한 성격을 가지나 일반적으로 선도계약은 장외시장에서 거래당사자간에 직접 거래되거나 딜러나 브로커를 통해 거래가 이루어지는데 비해 선물은 정형화된 거래소를 통해 거래된다는 점에서 차이가 있다.

	선도거래(forward)	선물거래(futures)
거래장소	장외시장	거래소
거래단위	제한없음	표준화
가격형성	거래 당사자 간에 합의	시장에서 형성
신용위험	계약불이행 위험 존재	청산기관이 계약이행을 보증
증거금	기본적으로 불필요	필요
일일정산	기본적으로 불필요	필요
실물인수도	대부분 실물인수도	대부분 차액결제
만기일	거래 당사자 간에 합의	거래소가 정함

⇨ 선물거래는 선도거래에서 발생할 수 있는 계약불이행위험을 없앤 것이다.

2 선물

(1) 선물거래의 용어

"선물은 미래의 일정시점에 정해진 가격으로 특정 자산을 매수 또는 매도하기로 현재시점에 약정한 계약이다."

1) 미래의 일정시점   ⇨ 만기 (T)
2) 정해진 가격   ⇨ 선물가격 (F)

3) 특정자산   ⇨ 기초자산 (S)

4) 매수   ⇨ 매입포지션(Long) 또는 +f

5) 매도   ⇨ 매도포지션(Short) 또는 (−f)

(2) 만기일에서의 선물포지션의 손익

1) 매입포지션(+f)의 손익 = 만기일의 현물가격(S_T) − 계약시점의 선물가격(F)

2) 매도포지션(−f)의 손익 = 계약시점의 선물가격(F) − 만기일의 현물가격(S_T)

$$= -(만기일의\ 현물가격(S_T) - 계약시점의\ 선물가격(F))$$

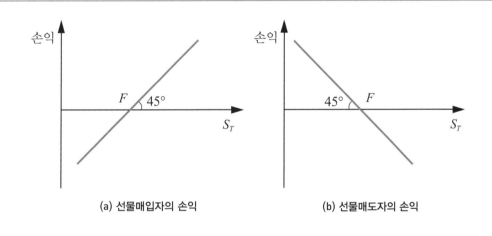

         (a) 선물매입자의 손익   **(b) 선물매도자의 손익**

예제 - 1

금 1온스의 현재 가격은 200만원이다. 이를 기초자산으로 하는 3개월 후 만기가 되는 선물가격은 210만원이다.

(1) 3개월 후 현물시장에서 금 1온스의 가격이 250만원으로 상승한 경우 선물매입자와 선물매도자의 만기손익을 구하시오.

(2) 3개월 후 현물시장에서 금 1온스의 가격이 190만원으로 하락한 경우 선물매입자와 선물매도자의 만기손익을 구하시오.

(1) 현물가격 상승

매입포지션(+f)의 손익 = 만기일의 현물가격(S_T) −계약시점의 선물가격(F)

$$= 250 - 210 = +40만원$$

매도포지션(−f)의 손익 = 계약시점의 선물가격(F) − 만기일의 현물가격(S_T)

$$= 210 - 250 = -40만원$$

(2) 현물가격 하락

매입포지션(+f)의 손익 = 190 − 210 = −20만원

매도포지션(−f)의 손익 = 210 − 190 = +20만원

3 선물을 이용한 헤지

(1) 매입헤지

매입헤지(long hedge)는 앞으로 현물을 매입해야 하는 투자자($-S$)가 선물계약을 매입함으로써 가격상승의 위험을 제거하는 것을 말한다. 원면을 원료로 하여 의류제품을 생산하는 회사가 앞으로 원면가격이 급격히 상승하리라 예상하는 경우 원면선물을 매입하여 제품의 마진이 줄어드는 것을 막을 수 있다.

현물을 매입해야 하는 투자자 ($-S$) + 선물매입 ($+f$) ⇨ 현물가격 상승위험 제거

(2) 매도헤지

매도헤지(short hedge)는 현물을 보유하고 있는 투자자($+S$)가 선물계약을 매도함으로써 가격하락의 위험을 제거하는 것을 말한다. 밀 농장을 운영하는 기업이 추수시점에서 밀의 가격이 하락하리라고 예상한 경우 밀 선물을 매도하여 가격하락으로 인한 손실을 막을 수 있다.

현물을 보유한 투자자 ($+S$) + 선물매도 ($-f$) ⇨ 현물가격 하락위험 제거

예제 - 2

(주)미래는 20X1년 5월 1일 미국으로부터 원재료 $100을 수입하고 대금은 3개월 후에 지급하기로 하였다. (주)미래는 동 수입대금의 환율변동위험을 회피하기 위해 3개월 후에 $100을 1,200원/$에 매입하는 통화선도계약을 체결하였다. 20X1년 5월 1일 현물환율은 1,190원/$이다.

(1) 3개월 후 현물환율이 1,230원/$인 경우 매입채무 및 통화선도거래가 (주)미래의 순이익에 미치는 영향은 얼마인가?

(2) 3개월 후 현물환율이 1,150원/$인 경우 매입채무 및 통화선도거래가 (주)미래의 순이익에 미치는 영향은 얼마인가?

(1) 현물가격 상승

매입채무(−S)의 손익 = − (1,230 − 1,190) × $100 = −4,000원

매입포지션(+f)의 손익 = (1,230 − 1,200) × $100 = +3,000원

(2) 현물가격 하락

매입채무(−S)의 손익 = − (1,150 − 1,190) × $100 = +4,000원

매입포지션(+f)의 손익 = (1,150 − 1,200) × $100 = −5,000원

※ 수입기업 또는 외화채무보유기업

달러의 가치가 오르면 손실, 달러의 가치가 내리면 이익 ⇨ −S

선물을 매입하는 매입헤지전략 ⇨ −S +f

(주)미래는 20X1년 5월 1일 미국으로 제품 $100을 수출하고 대금은 3개월 후에 받기로 하였다. (주)미래는 동 수출대금의 환율변동위험을 회피하기 위해 3개월 후에 $100을 1,200원/$에 매도하는 통화선도계약을 체결하였다. 20X1년 5월 1일 현물환율은 1,190원/$이다.

(1) 3개월 후 현물환율이 1,230원/$인 경우 매출채권 및 통화선도거래가 (주)미래의 순이익에 미치는 영향은 얼마인가?
(2) 3개월 후 현물환율이 1,150원/$인 경우 매출채권 및 통화선도거래가 (주)미래의 순이익에 미치는 영향은 얼마인가?

(1) 현물가격 상승

매출채권(+S)의 손익 = $(1,230 - 1,190) \times \$100 = +4,000$원

매도포지션(−f)의 손익 = $-(1,230 - 1,200) \times \$100 = -3,000$원

(2) 현물가격 하락

매출채권(+S)의 손익 = $(1,150 - 1,190) \times \$100 = -4,000$원

매도포지션(−f)의 손익 = $-(1,150 - 1,200) \times \$100 = +5,000$원

※ 수출기업 또는 외화채권보유기업

달러의 가치가 오르면 이익, 달러의 가치가 내리면 손실 ⇨ +S

선물을 매도하는 매도헤지전략 ⇨ +S −f

03 옵 션

1 옵션의 기초

(1) 옵션이란?

옵션(options)은 기초자산을 미래의 특정시점 또는 특정기간 동안 특정 행사가격으로 매입(call)하거나 매각(put)할 수 있는 권리를 사고 파는 계약으로서 기초자산 가격의 변화에 대해 비대칭적 손익구조(asymmetric payoffs)를 가진다. 옵션계약은 거래시점에 프리미엄을 지급한다는 점에서도 선도계약이나 선물과 차이점이 있다.

기초자산을 살 수 있는 권리가 부여된 증권을 콜옵션(call option), 팔 수 있는 권리가 부여된 증권을 풋옵션(put option)이라고 한다. 옵션은 거래해야 할 의무가 아니라 거래할 수 있는 권리이기 때문에 옵션보유자(옵션매입자)는 언제든지 그 권리를 포기할 수 있다 옵션발행자(옵션매도자)는 옵션보유자의 거래상대방으로서 권리행사에 응해야 할 의무가 있다. 따라서 옵션보유자는 권리를 보유하고 그 대가로 옵션 프리미엄을 지급하고 옵션 발행자는 옵션 매수자가 권리를 행사하면 매수 또는 매도하여야 하는 의무만을 부담하며 그 대가로 옵션프리미엄을 수취한다.

(2) 옵션의 용어

"옵션은 미래의 일정시점에 정해진 가격으로 특정 자산을 매수 또는 매도할 수 있는 권리를 현재시점에 약정한 계약이다."

1) 미래의 일정시점   ⇨ 만기(T)
2) 정해진 가격   ⇨ 행사가격(X)
3) 특정자산   ⇨ 기초자산(S)
4) 매수할 수 있는 권리   ⇨ 콜옵션 보유자($+C$)
5) 매도할 수 있는 권리   ⇨ 풋옵션 보유자($+P$)
6) 옵션 매수자가 권리를 행사하면 매도하여야 하는 의무 ⇨ 콜옵션 발행자($-C$)
7) 옵션 매수자가 권리를 행사하면 매수하여야 하는 의무 ⇨ 풋옵션 발행자($-P$)

옵션은 행사시점과 관련하여 유럽식과 미국식 옵션으로 분류할 수 있다. 유럽형 옵션은 만기에서만 옵션의 권리를 행사할 수 있는 옵션을 말하며, 미국형 옵션은 만기 이전에 아무 때나 권리를 행사할 수 있는 옵션을 말한다.

옵션은 거래되는 장소에 따라 장외옵션과 장내옵션으로 구분될 수 있다. 장외옵션은 매입자와 매도자가 직접 거래하는 옵션을 말한다. 장내옵션은 거래소에서 거래되는 옵션을 말한다.

(3) 내가격, 등가격, 외가격

옵션은 행가가격과 기초자산가격의 크기에 따라 세 가지 유형으로 구분된다.

1) 내가격(in the money) : 옵션을 행사하면 이익이 생기는 경우
2) 외가격(out of the money) : 옵션을 행사하면 손실이 생기는 경우
3) 등가격 (at the money) 옵션을 행사하면 손익이 발생하지 않는 경우

	Call option	Put option
In the money (내가격)	S > X	S < X
At the money (등가격)	S = X	S = X
Out of the money (외가격)	S < X	S > X

S = 기초자산의 가격, X = 행사가격

(4) 내재가치와 시간가치

옵션가치는 내재가치(intrinsic value)와 시간가치(time value)로 분해할 수 있다. 내재가치는 옵션을 당장 행사하면 얻을 수 있는 가치를 의미하며, 시간가치는 옵션가격과 내재가치의 차이를 말한다.

옵션가치 = 내재가치 + 시간가치

콜옵션의 경우 기초자산가격이 행사가격보다 클 경우 내재가치는 그 차이가 되며, 기초자산가격이 행사가격보다 작을 경우 옵션을 행사하지 않을 것이므로 내재가치는 0이 된다.

콜옵션의 내재가치 = Max[0, S−X]

풋옵션의 경우 기초자산가격이 행사가격보다 작을 경우 내재가치는 그 차이가 되며, 기초
자산가격이 행사가격보다 클 경우 옵션을 행사하지 않을 것이므로 내재가치는 0이 된다.

$$\text{풋옵션의 내재가치} = \text{Max}[0, \ X{-}S]$$

내가격옵션의 경우 내재가치는 양(+)의 값을 가지며, 등가격옵션이나 외가격옵션일 경우
내재가치는 0이 된다.

예제 - 4

현재 기초자산의 가격은 260이다. 행사가격이 250인 이 기초자산에 대한 콜옵션의 가격은 14이
며, 풋옵션의 가격은 3이다. 콜옵션의 가격과 풋옵션의 가격을 각각 내재가치와 시간가치로 분
해하라.

(1) 콜옵션의 가격

$$\begin{aligned}
\text{콜옵션의 내재가치} &= \text{Max}[0, \ S - X] \\
&= \text{Max}[0, \ 260 - 250] = 10 \\
\text{콜옵션의 시간가치} &= \text{옵션의 가격} - \text{내재가치} \\
&= 14 - 10 = 4
\end{aligned}$$

(2) 풋옵션의 가격

$$\begin{aligned}
\text{풋옵션의 내재가치} &= \text{Max}[0, \ X{-}S] \\
&= \text{Max}[0, \ 250{-}260] = 0 \\
\text{풋옵션의 시간가치} &= \text{옵션의 가격} - \text{내재가치} \\
&= 3 - 0 = 3
\end{aligned}$$

2 옵션의 손익

(1) 옵션의 만기가치

옵션의 만기가치는 만기일에서의 옵션에서 발생하는 현금흐름을 말한다.

1) 콜옵션의 만기가치

만기일의 기초자산의 가격이 행사가격보다 높으면, 콜옵션의 만기가치는 '기초자산의 가격－행사가격'이 되고, 만기일의 기초자산의 가격이 행사가격보다 낮으면 만기가치는 0이 된다.

만기에서의 기초자산의 가격을 S_T라고 하면 콜옵션의 만기가치 C_T는 다음과 같다.

$$\text{콜옵션의 만기가치}: C_T = \text{Max}[0,\ S_T - X]$$

2) 풋옵션의 만기가치

만기일의 기초자산의 가격이 행사가격보다 낮으면, 풋옵션의 만기가치는 '행사가격 － 기초자산의 가격'이 되고, 만기일의 기초자산의 가격이 행사가격보다 높으면 만기가치는 0이 된다.

만기에서의 기초자산의 가격을 S_T라고 하면 풋옵션의 만기가치 P_T는 다음과 같다.

$$\text{풋옵션의 만기가치}: P_T = \text{Max}[0,\ X - S_T]$$

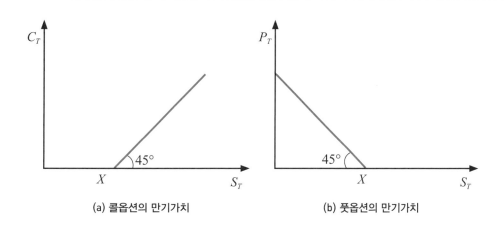

(a) 콜옵션의 만기가치   (b) 풋옵션의 만기가치

(2) 옵션의 손익

옵션의 손익이란 옵션의 거래시점에서 주고받은 가격까지 고려한, 즉 옵션거래의 전 과정에서 발생한 손실이나 이익을 말한다.

1) 콜옵션의 손익

콜옵션의 계약시점에서 매입자가 매도자에게 지급하는 콜옵션의 가격을 C라고 할 때 콜옵션 매입자와 매도자의 손익은 다음과 같이 표현된다.

> 콜옵션 매입자(+C)의 손익(P/L) = Max[0, $S_T - X$] − C
> 콜옵션 매도자(−C)의 손익(P/L) = C − Max[0, $S_T - X$]

2) 풋옵션의 손익

풋옵션의 계약시점에서 매입자가 매도자에게 지급하는 풋옵션의 가격을 P라고 할 때 풋옵션 매입자와 매도자의 손익은 다음과 같이 표현된다.

> 풋옵션 매입자(+P)의 손익(P/L) = Max[0, $X - S_T$] − P
> 풋옵션 매도자(−P)의 손익(P/L) = P − Max[0, $X - S_T$]

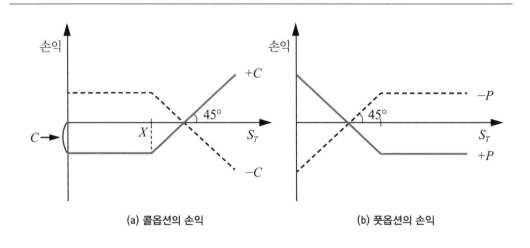

(a) 콜옵션의 손익   (b) 풋옵션의 손익

(3) 옵션의 만기가치와 손익의 특징

1) 콜옵션과 풋옵션 모두 매입자와 매도자의 손익은 절대값이 같고 서로 반대 부호를 가진다. 따라서 옵션 거래는 zero-sum game이다.

2) 콜옵션 매입자와 풋옵션 매도자는 만기일의 기초자산의 가격이 높을수록 유리하고 낮을수록 불리하다. 콜옵션 매도자와 풋옵션 매입자는 만기일의 기초자산의 가격이 낮을수록 유리하고 높을수록 불리하다.

3) 옵션매입자가 입을 수 있는 최대손실은 옵션가격만큼 제한되나 이익은 매우 클 수 있다. 그러나 옵션 매도자가 얻을 수 있는 최대이익은 옵션가격만큼 제한되나 손실은 매우 클 수 있다.

4) 기초자산을 보유하는 것보다 옵션을 보유하는 위험이 더 크다.

예제 - 5

현재 옵션시장에서는 ㈜미래 주식을 기초자산으로 하고 만기가 동일하게 1개월씩 남은 콜옵션과 풋옵션이 각각 거래되고 있다. 행사가격이 20,000원인 콜옵션의 가격은 1,500원이고 풋옵션의 가격은 900원이다.

(1) 만기의 주가가 21,000인 경우 콜옵션 매입자와 매도자의 손익을 구하라.
(2) 만기의 주가가 18,500인 경우 풋옵션 매입자와 매도자의 손익을 구하라.
(3) 콜옵션 매입자와 발행자의 이익이 발생하는 범위를 구하라.
(4) 풋옵션 매입자와 발행자의 이익이 발생하는 범위를 구하라.

(1) 콜옵션의 손익

콜옵션의 만기가치 $= \max[0, \ 21,000 - 20,000] = 1,000$원

콜옵션 매입자의 손익 $= 1,000 - 1,500 = -500$원

콜옵션 매도자의 손익 $= 1,500 - 1,000 = +500$원

(2) 풋옵션의 손익

풋옵션의 만기가치 $= \max[0, \ 20,000 - 18,500] = 1,500$원

풋옵션 매입자의 손익 $= 1,500 - 900 = +600$원

풋옵션 매도자의 손익 $= 900 - 1,500 = -600$원

(3) 콜옵션 이익발생범위

콜옵션 매입자의 손익 $= \max[0, \ S_T - 20,000] - 1,500 > 0 \Rightarrow S_T > 21,500$원

콜옵션 매도자의 손익 $= 1,500 - \max[0, \ S_T - 20,000] > 0 \Rightarrow S_T < 21,500$원

(4) 풋옵션 이익발생범위

풋옵션 매입자의 손익 $= \max[0, \ 20,000 - S_T] - 900 > 0 \Rightarrow S_T < 19,100$원

풋옵션 매도자의 손익 $= 900 - \max[0, \ 20,000 - S_T] > 0 \Rightarrow S_T > 19,100$원

3 옵션을 이용한 헤지

옵션의 헤지포지션이란 기초자산과 옵션을 결합하여 투자함으로써 기초자산에서 발생할 수 있는 손실을 옵션의 이익으로 보전하는 전략을 말한다. 이때에 기초자산에서 발생하는 손실의 크기와 옵션에서 발생하는 이익의 크기가 똑같은 경우에는 완전헤지가 되고, 그렇지 않은 경우에는 부분헤지가 되는 것이다.

(1) 방비콜(covered call)

- 기초자산을 1개 매수하고 콜옵션 1개를 매도하는 전략이다. $(S-C)$
- 기초자산의 가격이 높아져도 이익은 작지만, 기초자산의 가격이 낮아진 경우에 손실을 상대적으로 작게 하는 효과가 있다.

(2) 보호풋 (protective put)

- 기초자산을 1개 매수하고 풋옵션 1개를 매수하는 전략 $(S+P)$
- 기초자산의 가격이 높아져도 이익은 작지만, 기초자산의 가격이 낮아진 경우에도 손실은 일정한 하한선 이하로 내려가지 않는 전략으로 보험전략이다.

(3) 헤지 포트폴리오

- 기초자산을 1개 매수하고 행사가격이 동일한 콜옵션 1개 매도 및 풋옵션 1개를 매수하는 전략이다. $(S-C+P)$
- 미래의 기초자산의 가격변화와는 관계없이 일정한 수익을 보장하는 완전헤지전략이다.

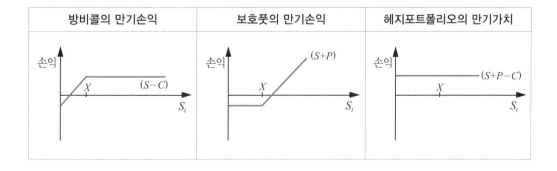

방비콜의 만기손익	보호풋의 만기손익	헤지포트폴리오의 만기가치

(4) 환헤지전략

1) 수출기업 또는 외화채권보유기업

달러의 가치가 오르면 이익, 달러의 가치가 내리면 손실 ⇨ +S

풋옵션을 매입하는 보호풋 전략 ⇨ +S +P

풋옵션을 매입하고 콜옵션을 매도하는 완전헤지 전략 ⇨ +S −C +P

2) 수입기업 또는 외화채무보유기업

달러의 가치가 오르면 손실, 달러의 가치가 내리면 이익 ⇨ −S

콜옵션을 매입하는 방비콜 매도전략 ⇨ −S +C

풋옵션을 매도하고 콜옵션을 매입하는 완전헤지 전략 ⇨ −S +C −P

1 스왑의 기초

스왑(swaps)은 일반적으로 두 개의 금융자산 또는 부채에서 파생되는 미래의 현금흐름(cash flows)을 교환하기로 하는 계약으로서 서로 다른 통화표시 채무의 원리금 상환을 교환하기로 약정하는 통화스왑(currency swaps)과 변동금리채무와 고정금리채무간의 이자지급을 교환하기로 약정하는 금리스왑(interest rate swaps) 등이 있다.

스왑거래는 옵션, 선물거래와 같이 표준화되어 거래소에서 이루어지는 것이 아니라 주로 장외시장에서 이루어지는 장외파생상품으로 신용위험이 존재한다.

(1) 금리스왑

일정기간동안 두 당사자가 고정금리이자와 변동금리이자를 교환하는 계약으로 원금은 교환하지 않고 이자만 교환한다.

(2) 통화스왑

일정기간동안 두 당사자가 서로 다른 통화의 이자와 원금을 교환하는 계약이다.

2 금리스왑

예제6을 통하여 금리스왑에 대해서 살펴보자.

예제 - 6

기업 A, B는 금융시장에서 각각 다음과 같은 조건으로 자금을 차입할 수 있다. 은행이 기업 A 와 B 사이에서 스왑을 중계하고자 한다. 은행이 기업 A에게 LIBOR금리를 지급하고 고정금리 6.7%를 수취하는 스왑계약을 체결하며, 은행이 기업 B에게 LIBOR금리를 수취하고 고정금리 6.3%를 지급하는 스왑계약을 체결한다.

	고정금리시장	변동금리시장
기업 A	8%	LIBOR + 1%
기업 B	9%	LIBOR + 3%

(1) 스왑계약으로 얻은 기업A의 이익은 얼마인가?
(2) 스왑계약으로 얻은 기업B의 이익은 얼마인가?
(3) 스왑계약으로 얻은 은행의 이익은 얼마인가?

기업의 신용도에 따른 금리수준의 차이를 금리 스프레드(spread)라고 하며, 스왑의 이익은 변동금리 스프레드와 고정금리 스프레드가 차이가 있을 때 발생한다.

고정금리 스프레드 = 9% − 8% = 1%
변동금리 스프레드 = LIBOR + 3% − (LIBOR + 1%) = 2%
스왑 총이익 = 2% − 1% = 1%
따라서 스왑거래를 통하여 얻을 수 있는 총이익은 1%이다.

(1) 기업A의 이익
  1) 기업A는 변동금리시장에서 비교우위를 갖고 있기 때문에 변동금리로 차입을 한다.
     ⇨ 이자비용 = LIBOR + 1%
  2) 스왑계약에서의 현금흐름은 다음과 같다.
     ⇨ 이자수익 = LIBOR, 이자비용 = 6.7%
  3) 스왑거래 체결 후 순이자비용 = 1) + 2) = 7.7%
  4) 스왑거래 체결 전 고정금리이자비용 = 8%
  5) 스왑이익 = 4) − 3) = 0.3%

(2) 기업B의 이익

    1) 기업B는 고정금리시장에서 비교우위를 갖고 있기 때문에 고정금리로 차입을 한다.

        ⇨ 이자비용 = 9%

    2) 스왑계약에서의 현금흐름은 다음과 같다.

        ⇨ 이자수익 = 6.3%, 이자비용 =LIBOR

    3) 스왑거래 체결 후 순이자비용 = 1) + 2) = LIBOR + 2.7%

    4) 스왑거래 체결 전 변동금리이자비용 =LIBOR + 3%

    5) 스왑이익 = 4) − 3) = 0.3%

(3) 은행의 이익

    1) 기업A와의 스왑계약의 현금흐름

        ⇨ 이자비용 = LIBOR, 이자수익 = 6.7%

    2) 기업B와의 스왑계약의 현금흐름

        ⇨ 이자비용 = 6.3%, 이자수익 =LIBOR

    3) 은행의 총이익 = 1) + 2) = 0.4%

05   **IFRS**

국제회계기준에서는 파생상품의 평가손익에 대한 회계처리를 투자목적과 위험회피목적으로 나누어 당기손익 또는 기타포괄손익으로 인식하도록 규정하고 있으며, 위험회피관계는 공정가치위험회피(fair value hedge)와 현금흐름위험회피(cash flow hedge)로 구분하고 있다.

1 투자목적

투자목적 파생상품은 단기매매항목의 금융상품(FVPL 금융상품)으로 분류하여 평가손익을 당기손익으로 인식한다.

• 재무상태표 : FVPL 금융자산 또는 FVPL 금융자산
• 평가손익 : 당기손익(NI)

2 공정가치 위험회피

공정가치 위험회피는 특정 위험에 기인하고 당기손익에 영향을 줄 수 있는 것으로서, 인식된 자산이나 부채 또는 인식되지 않은 확정계약 또는 이러한 항목의 구성요소의 공정가치 변동 익스포저에 대한 위험회피를 말한다.

공정가치위험회피에서는 위험회피수단의 손익과 위험회피대상항목의 손익은 당기손익으로 인식한다. 공정가치위험회피를 적용하면 위험회피수단과 위험회피대상의 손익은 서로 반대로 발생하여 손익이 서로 상쇄된다. 다만, FVOCI 지분상품의 위험회피수단의 손익은 기타포괄손익으로 인식한다.

공정가치위험회피	위험회피대상 평가손익	위험회피수단 평가손익
원 칙	당기손익	당기손익
FVOCI 지분상품	OCI	OCI

3 현금흐름 위험회피

현금흐름 위험회피는 특정 위험에 기인하고 당기손익에 영향을 줄 수 있는 것으로서, 발생가능성이 매우 큰 예상현금흐름 변동 익스포저에 대한 위험회피를 말한다.

현금흐름위험회피에서는 예상되는 미래현금흐름변동에 대한 위험회피를 목적으로 체결한 파생상품의 평가손익은 당기손익으로 인식하지 않고 기타포괄손익(OCI)로 인식한다. 단, 위험회피에 비효과적인 부분은 당기손익에 반영한다.

현금흐름위험회피	위험회피수단 평가손익
위험회피에 효과적인 부분	OCI
위험회피에 비효과적인 부분	당기손익

4 주식기준보상거래

(1) 주식선택권의 공정가치

주식선택권의 공정가치는 콜옵션의 옵션가격결정모형으로 측정한다.
주식선택권의 공정가치 = 내채가치 + 시간가치

(2) 주식결제형 주식기준보상

- 부여한 지분상품의 공정가치에 기초하여 간접 측정
  ⇨ 콜옵션의 옵션가격결정모형으로 측정한다.
- 후속적 공정가치 재측정을 하지 않는다.
- 예외적으로 내재가치로 측정한 경우 후속적 재측정 한다.

(3) 현금결제형 주식기준보상

- 부채가 결제될 때 까지 매 보고기간말에 부채의 공정가치를 재측정 한다.
  ⇨ 콜옵션의 옵션가격결정모형으로 측정한다.
- 가득이후 권리를 행사하면 내재가치에 해당하는 현금을 지급한다.

5 주당이익

(1) 기본주당이익

유통보통주식수를 계산에 유상증자, 자기주식, 무상증자, 주식배당, 주식분할 및 주식병합을 고려한다.

(2) 희석주당이익

옵션과 주식매입선권은 보통주의 평균시장가격이 행사가격을 초과하는 경우에만 희석효과가 있다. ⇨ 콜옵션의 내가격

문제 1

어느 투자자가 행사가격이 25,000원인 콜옵션을 개당 4,000원에 2개 매입하였고, 행사가격이 40,000원인 콜옵션을 2,500원에 1개 발행하였다. 옵션만기일에 기초주식가격이 50,000원이라고 할 때, 이러한 투자전략의 만기가치와 투자자의 만기손익을 각각 구하라. (단, 옵션의 기초주식과 만기는 동일하며 거래비용은 무시하라) (CPA 2005)

	투자전략의 만기가치	투자자의 만기손익
①	15,000원	13,500원
②	25,000원	23,500원
③	30,000원	27,000원
④	35,000원	30,000원
⑤	40,000원	34,500원

(1) 투자전략의 투자금액 = 4,000원 × 2개 − 2,500원 × 1개 = 5,500원

(2) 투자전략의 만기가치

2개 x Max[0, 50,000 − 25,000] − 1개 × Max[0, 50,000 − 40,000] = 40,000원

(3) 투자전략의 만기손익

40,000원 − 5,500원 = 34,500원

정답 5

문제 2

투자자 갑은 3개월 만기 콜옵션 1계약과 3개월 만기 풋옵션 1계약을 이용하여 주가지수옵션에 대한 투자전략을 구사하려 한다. 현재 형성된 옵션시세는 다음과 같다. 행사가격 1,200포인트 콜옵션을 매수하고, 행사가격 1,100포인트 풋옵션을 매수한 경우 만기 주가지수가 1,120포인트일 때, 투자자의 만기손익을 구하시오. (CPA 2009)

a. 3개월 만기 주가지수 콜옵션 (행사가격 = 1,100포인트, 콜옵션 프리미엄 = 35원)
b. 3개월 만기 주가지수 풋옵션 (행사가격 = 1,100포인트, 풋옵션 프리미엄 = 21원)
c. 3개월 만기 주가지수 콜옵션 (행사가격 = 1,200포인트, 콜옵션 프리미엄 = 32원)
d. 3개월 만기 주가지수 풋옵션 (행사가격 = 1,200포인트, 풋옵션 프리미엄 = 27원)

(1) 투자전략의 투자금액

32원 + 21원 =53원

(2) 투자전략의 만기가치

콜옵션의 만기가치 : $Max[1120 - 1200, 0] = 0$

풋옵션의 만기가치 : $Max[1100 - 1120, 0] = 0$

(3) 투자전략의 손익

P/L = 만기가치 − 투자금액 = 0 −53 = −53원

정답 53원 손실

문제 3

선물을 이용한 다음의 헤지거래 중 가장 잘못된 것은? (CPA 2002)

① 1개월 후에 금을 매도하려고 하는 기업이 금을 기초자산으로 하는 상품선물을 매입하였다.
② 인덱스펀드(index fund)를 보유한 투자자가 주가지수선물을 매도하였다.
③ 2개월 후에 상대국통화로 수출대금을 수취하게 되는 수출업자가 상대국통화선물을 매도하였다.
④ 3개월 후에 원유를 매입하려고 하는 투자자가 원유를 기초자산으로 하는 상품선물을 매입하였다.
⑤ 보유현물과 동일하지 않으나 정(+)의 상관계수가 큰 선물을 매도하였다.

① 미래에 금을 매도하려고 하는 기업 ⇨ +S ⇨ 선물을 매도하는 매도헤지전략

② 인덱스펀드를 보유 ⇨ +S ⇨ 선물을 매도하는 매도헤지전략

③ 수출대금을 수취하게 되는 수출업자 ⇨ +S ⇨ 선물을 매도하는 매도헤지전략

④ 미래에 원유를 매입하려고 하는 투자자 ⇨ −S ⇨ 선물을 매입하는 매입헤지전략

정답 1

문제 4

스왑에 대한 다음 설명 중 가장 잘못된 것은? (CPA 2003)

① 스왑은 두 거래 당사자간 미래 현금흐름을 교환하는 계약으로 일련의 선도거래 또는 선물계약을 한 번에 체결하는 것과 유사한 효과를 갖는다.
② 스왑은 표준화된 상품인 선물, 옵션과 같이 거래소에서 거래되지 않고, 스왑딜러 및 브로커의 도움을 얻어 주로 장외에서 거래가 이루어진다.
③ 금리스왑은 미래 일정기간동안 거래당사자간 명목원금에 대한 변동금리 이자와 고정금리 이자 금액만을 교환하는 거래로서 원금 교환은 이루어지지 않는다.
④ 통화스왑은 미래 일정기간동안 거래당사자간 서로 다른 통화표시 채무 원금에 대한 이자 금액만을 교환하는 거래로서 원금 교환은 이루어지지 않는다.
⑤ 스왑은 두 거래 당사자간 필요에 따라 다양하게 설계될 수 있는 장점이 있어 금리 또는 환위험관리를 위해 적절하게 사용될 수 있다.

금리스왑은 원금은 교환하지 않고 이자만을 교환하며, 통화스왑은 이자뿐만 아니라 원금도 교환한다.

정답 4

미국에 물품을 수출하고 6개월 후에 대금 1백만 달러를 받기로 한 무역업자가 있다. 이 무역업자가 사용하기에 가장 적절한 환위험 헤지 방법은? (CPA 2004)

① 6개월 만기의 달러 콜옵션을 매수한다.
② 6개월 만기의 달러 풋옵션을 매도한다.
③ 6개월 만기의 선물환 계약에서 달러 매수포지션을 취한다.
④ 동일한 행사가격의 만기 6개월짜리 달러 콜옵션과 달러 풋옵션을 동시에 매수한다.
⑤ 6개월 만기 달러 대출을 받아 달러를 외환시장에서 매각한다.

수출업자 ⇨ +S 이므로 수출업자의 환헤지전략은 다음과 같다.
① 콜옵션을 매도하는 방비콜 전략 (S−C)
② 풋옵션을 매입하는 보호풋 전략 (S+P)
③ 선물을 매도하는 매도헤지전략 (S−f)
④ 콜옵션을 매도하고, 풋옵션을 매입하는 완전헤지 전략 (S−C+P)
⑤ 달러를 차입하면 외화채무가 발생하므로 매출채권의 환위험을 제거 (S−S)

정답 5

문제 6

한국은 3개월 후에 미국기업에 대한 수입대금 1백만 달러를 지급해야 한다. 다음 중 환위험을 헤지하기 위해 환위험관리전략으로 가장 적절한 것은? (CPA 2009)

① 동일한 행사가격의 3개월 만기의 달러 콜옵션과 풋옵션을 동시에 매도한다.
② 스왑딜러를 통해 원화 수입이 주된 소득원인 미국 현지의 A기업과 달러를 지급하고 원화를 수취하는 원−달러 통화스왑계약을 체결한다.
③ 3개월 만기의 달러 콜옵션을 매입한다.
④ 국내 유로은행에서 달러를 차입하여 이를 외환시장에 매도한다.
⑤ 3개월 만기의 달러화 선물환 매도계약을 체결한다.

수입업자 ⇨ −S 이므로 수입업자의 환헤지전략은 다음과 같다.
① 콜옵션을 매입하고, 풋옵션을 매도하는 완전헤지 전략 (−S+C−P)
② 수입대금을 달러로 지급하여야 하므로 달러를 수취고 원화를 지급하는 원−달러 통화 스왑계약을 체결
③ 콜옵션을 매입하는 방비콜 매도전략 (−S+C)
④ 달러를 예금하면 외화채권이 발생하므로 매입채무의 환위험을 제거 (−S+S)
⑤ 선물을 매입하는 매입헤지전략 (−S+f)

정답 3

주가지수 선물거래에 관한 다음 설명 중 옳지 않은 것은? (CPA 1997)

① 주가지수선물은 유가증권으로 의제 되어 한국증권거래소에서 거래된다.
② 표준화된 계약으로 일일정산(daily settlement)된다.
③ 주가지수선물을 매입한 경우 만기에 주식을 현물로 인도 받는다.
④ 투자자는 주가지수 선물거래를 통하여 주가지수의 체계적 위험을 줄일 수 있다.
⑤ 매입자에게 발생하는 손익은 매도자의 손익과 정확하게 상쇄된다.

선도거래는 현물인수도 결제형식이지만, 선물거래는 반대매매결제 형식이다.

정답 3

SMART
재무관리

입문

부록

Time table

- 미래가치요소 (FVIF : Future Value Interest Factor)

- 연금의 미래가치요소 (FVIFA : FVIF for annuity)

- 현재가치요소 (PVIF : Present Value Interest Factor)

- 연금의 현재가치요소 (PVIFA : PVIF for annuity)

1 미래가치요소(FVIF : Future Value Interest Factor)

$$\text{FVIF} = (1+i)^n \ (n=\text{기간}, \ i=\text{기간당 할인율})$$

n/i	1.0	2.0	3.0	4.0	5.0	6.0	7.0	8.0	9.0	10.0
1	1.01000	1.02000	1.03000	1.04000	1.05000	1.06000	1.07000	1.08000	1.09000	1.10000
2	1.02010	1.04040	1.06090	1.08160	1.10250	1.12360	1.14490	1.16640	1.18810	1.21000
3	1.03030	1.06121	1.09273	1.12486	1.15762	1.19102	1.22504	1.25971	1.29503	1.33100
4	1.04060	1.08243	1.12551	1.16986	1.21551	1.26248	1.31080	1.36049	1.41158	1.46410
5	1.05101	1.10408	1.15927	1.21665	1.27628	1.33823	1.40255	1.46933	1.53862	1.61051
6	1.06152	1.12616	1.19405	1.26532	1.34010	1.41852	1.50073	1.58687	1.67710	1.77156
7	1.07214	1.14869	1.22987	1.31593	1.40710	1.50363	1.60578	1.71382	1.82804	1.94872
8	1.08286	1.17166	1.26677	1.36857	1.47746	1.59385	1.71819	1.85093	1.99256	2.14359
9	1.09369	1.19509	1.30477	1.42331	1.55133	1.68948	1.83846	1.99900	2.17189	2.35795
10	1.10462	1.21899	1.34392	1.48024	1.62889	1.79085	1.96715	2.15892	2.36736	2.59374
11	1.11567	1.24337	1.38423	1.53945	1.71034	1.89830	2.10485	2.33164	2.58043	2.85312
12	1.12682	1.26824	1.42576	1.60103	1.79586	2.01220	2.25219	2.51817	2.81266	3.13843
13	1.13809	1.29361	1.46853	1.66507	1.88565	2.13293	2.40984	2.71962	3.06580	3.45227
14	1.14947	1.31948	1.51259	1.73168	1.97993	2.26090	2.57853	2.93719	3.34173	3.79750
15	1.16097	1.34587	1.55797	1.80094	2.07893	2.39656	2.75903	3.17217	3.64248	4.17725
16	1.17258	1.37279	1.60471	1.87298	2.18287	2.54035	2.95216	3.42594	3.97030	4.59497
17	1.18430	1.40024	1.65285	1.94790	2.29202	2.69277	3.15881	3.70002	4.32763	5.05447
18	1.19615	1.42825	1.70243	2.02582	2.40662	2.85434	3.37993	3.99602	4.71712	5.55992
19	1.20811	1.45681	1.75351	2.10685	2.52695	3.02560	3.61653	4.31570	5.14166	6.11591
20	1.22019	1.48595	1.80611	2.19112	2.65330	3.20713	3.86968	4.66096	5.60441	6.72750

n/i	11.0	12.0	13.0	14.0	15.0	16.0	17.0	18.0	19.0	20.0
1	1.11000	1.12000	1.13000	1.14000	1.15000	1.16000	1.17000	1.18000	1.19000	1.20000
2	1.23210	1.25440	1.27690	1.29960	1.32250	1.34560	1.36890	1.39240	1.41610	1.44000
3	1.36763	1.40493	1.44290	1.48154	1.52087	1.60161	1.60161	1.64303	1.68516	1.72800
4	1.51807	1.57352	1.63047	1.68896	1.74901	1.81064	1.87389	1.93878	2.00534	2.07360
5	1.68506	1.76234	1.84244	1.92541	2.01136	2.10034	2.19245	2.28776	2.38635	2.48832
6	1.87041	1.97382	2.08195	2.19497	2.31306	2.43640	2.56516	2.69955	2.83976	2.98598
7	2.07616	2.21068	2.35261	2.50227	2.66002	2.82622	3.00124	3.18547	3.37931	3.58318
8	2.30454	2.47596	2.65844	2.85259	3.05902	3.27841	3.51145	3.75886	4.02138	4.29982
9	2.55804	2.77308	3.00404	3.25195	3.51788	3.80296	4.10840	4.43545	4.78545	5.15978
10	2.83942	3.10585	3.39457	3.70722	4.04556	4.41143	4.80683	5.23383	5.69468	6.19173
11	3.15176	3.47855	3.83586	4.22623	4.65239	5.11726	5.62399	6.17592	6.77667	7.43008
12	3.49845	3.89598	4.33452	4.81790	5.35025	5.93603	6.58007	7.28759	8.06424	8.91610
13	3.88328	4.36349	4.89801	5.49241	6.15279	6.88579	7.69868	8.59936	9.59645	10.69932
14	4.31044	4.88711	5.53475	6.26135	7.07570	7.98752	9.00745	10.14724	11.41977	12.83918
15	4.78459	5.47356	6.25427	7.13794	8.13706	9.26552	10.53872	11.97374	13.58953	15.40701
16	5.31089	6.13039	7.06732	8.13725	9.35762	10.74800	12.33030	14.12902	16.17154	18.48842
17	5.89509	6.86604	7.98608	9.27646	10.76126	12.46768	14.42645	16.67224	19.24413	22.18610
18	6.54355	7.68996	9.02427	10.57517	12.37545	14.46251	16.87895	19.67324	22.90051	26.62332
19	7.26334	8.61276	10.19742	12.05569	14.23177	16.77651	19.74837	23.21443	27.25161	31.94798
20	8.06231	9.64629	11.52309	13.74348	16.36653	19.46075	23.10559	27.39302	32.42941	38.33758

2 연금의 미래가치요소(FVIFA : FVIF for annuity)

$$FVIFA = \frac{(1+i)^n - 1}{i}$$

n/i	1.0	2.0	3.0	4.0	5.0	6.0	7.0	8.0	9.0	10.0
1	1.00000	1.00000	1.00000	1.00000	1.00000	1.00000	1.00000	1.00000	1.00000	1.00000
2	2.01000	2.02000	2.03000	2.04000	2.04500	2.06000	2.07000	2.08000	2.09000	2.10000
3	3.03010	3.06040	3.09090	3.12160	3.13702	3.18360	3.21490	3.24640	3.27810	3.31000
4	4.06040	4.12161	4.18363	4.24646	4.27819	4.37462	4.43994	4.50611	4.57313	4.64100
5	5.10100	5.20404	5.30914	5.41632	5.47071	5.63709	5.75074	5.86660	5.98471	6.10510
6	6.15201	6.30812	6.46841	6.63298	6.71689	6.97532	7.15329	7.33593	7.52333	7.71561
7	7.21353	7.43428	7.66246	7.89829	8.01915	8.39384	8.65402	8.92280	9.20043	9.48717
8	8.28567	8.58297	8.89234	9.21423	9.38001	9.89747	10.25980	10.63663	11.02847	11.43589
9	9.36853	9.75463	10.15911	10.58279	10.80211	11.49132	11.97799	12.48756	13.02104	13.57948
10	10.46221	10.94972	11.46388	12.00611	12.28821	13.18079	13.81645	14.48656	15.19293	15.93742
11	11.56683	12.16871	12.80779	13.48635	13.84118	14.97164	15.78360	16.64549	17.56029	18.53117
12	12.68250	13.41209	14.19203	15.02580	15.46403	16.86994	17.88845	18.97713	20.14072	21.38428
13	13.80933	14.68033	15.61779	16.62684	17.15991	18.88214	20.14064	21.49530	22.95338	24.52271
14	14.94742	15.97394	17.08632	18.29191	18.93211	21.01506	22.55049	24.21492	26.01919	27.97498
15	16.09689	17.29342	18.59891	20.02359	20.78405	23.27597	25.12902	27.15211	29.36091	31.77248
16	17.25786	18.63928	20.15688	21.82453	22.71933	25.67252	27.88805	30.32428	33.00339	35.94973
17	18.43044	20.01207	21.76158	23.69751	24.74170	28.21287	30.84021	33.75022	36.97370	40.54470
18	19.61474	21.41231	23.41443	25.64541	26.85508	30.90565	33.99903	37.45024	41.30133	45.59917
19	20.81089	22.84056	25.11686	27.67123	29.06356	33.75998	37.37896	41.44626	46.01845	51.15908
20	22.01900	24.29737	26.87037	29.77807	31.37142	36.78558	40.99549	45.76196	51.16011	57.27499

n/i	11.0	12.0	13.0	14.0	15.0	16.0	17.0	18.0	19.0	20.0
1	1.00000	1.00000	1.00000	1.00000	1.00000	1.00000	1.00000	1.00000	1.00000	1.00000
2	2.11000	2.12000	2.13000	2.14000	2.15000	2.16000	2.17000	2.18000	2.19000	2.20000
3	3.34210	3.37440	3.40690	3.43960	3.47250	3.50560	3.53890	3.57240	3.60610	3.64000
4	4.70973	4.77933	4.84980	4.92114	4.99337	5.06650	5.14051	5.21543	5.29126	5.36800
5	6.22780	6.35285	6.48027	6.61010	6.74238	6.87714	7.01440	7.15421	7.29660	7.44160
6	7.91286	8.11519	8.32271	8.53552	8.75374	8.97748	9.20685	9.44197	9.68295	9.92992
7	9.78327	10.08901	10.40466	10.73049	11.06680	11.41387	11.77201	12.14152	12.52271	12.91590
8	11.85943	12.29969	12.75726	13.23276	13.72682	14.24009	14.77325	15.32699	15.90203	16.49908
9	14.16397	14.77566	15.41571	16.08535	16.78584	17.51851	18.28471	19.08585	19.92341	20.79890
10	16.72201	17.54873	18.41975	19.33729	20.30372	21.32147	22.39311	23.52131	24.70886	25.95868
11	19.56143	20.65458	21.81432	23.04451	24.34927	25.73290	27.19993	28.75514	30.40354	32.15041
12	22.71318	24.13313	25.65018	27.27074	29.00166	30.85014	32.82392	34.93106	37.18021	39.58049
13	26.21163	28.02911	29.98470	32.08865	34.35191	36.78619	39.40399	42.21865	45.24445	48.49659
14	30.09491	32.39260	34.88271	37.58106	40.50470	43.67198	47.10266	50.81801	54.84090	59.19591
15	34.40535	37.27971	40.41746	43.84241	47.58041	51.65949	56.11012	60.96525	66.26067	72.03509
16	39.18994	42.75327	46.67173	50.98034	55.71747	60.92501	66.64883	72.93899	79.85019	87.44210
17	44.50083	48.88367	53.73906	59.11759	65.07508	71.67301	78.97913	87.06801	96.02173	105.93052
18	50.39592	55.74971	61.72513	68.39405	75.83635	84.14069	93.40559	103.74025	115.26585	128.11662
19	56.93947	63.43967	70.74940	78.96922	88.21180	98.60320	110.28453	123.41349	138.16636	154.73994
20	64.20282	72.05243	80.94682	91.02491	102.44357	115.37971	130.03290	146.62792	165.41797	186.68792

3 현재가치요소(PVIF : Present Value Interest Factor)

$$PVIF = \frac{1}{(1+i)^n} \ (n = 기간, \ i = 기간당 \ 할인율)$$

n/i	1.0	2.0	3.0	4.0	5.0	6.0	7.0	8.0	9.0	10.0
1	0.99010	0.98039	0.97087	0.96154	0.95238	0.94340	0.93458	0.92593	0.91743	0.90909
2	0.98030	0.96117	0.94260	0.92456	0.90703	0.89000	0.87344	0.85734	0.84168	0.82645
3	0.97059	0.94232	0.91514	0.88900	0.86384	0.83962	0.81630	0.79383	0.77218	0.75131
4	0.96098	0.92385	0.88849	0.85480	0.82270	0.79209	0.76290	0.73503	0.70843	0.68301
5	0.95147	0.90573	0.86261	0.82193	0.78353	0.74726	0.71299	0.68058	0.64993	0.62092
6	0.94205	0.88797	0.83748	0.79031	0.74622	0.70496	0.66634	0.63017	0.59627	0.56447
7	0.93272	0.87056	0.81309	0.75992	0.71068	0.66506	0.62275	0.58349	0.54703	0.51316
8	0.92348	0.85349	0.78941	0.73069	0.67684	0.62741	0.58201	0.54027	0.50187	0.46651
9	0.91434	0.83676	0.76642	0.70259	0.64461	0.59190	0.54393	0.50025	0.46043	0.42410
10	0.90529	0.82035	0.74409	0.67556	0.61391	0.55839	0.50835	0.46319	0.42241	0.38554
11	0.89632	0.80426	0.72242	0.64958	0.58468	0.52679	0.47509	0.42888	0.38753	0.35049
12	0.88745	0.78849	0.70138	0.62460	0.55684	0.49697	0.44401	0.39711	0.35553	0.31863
13	0.87866	0.77303	0.68095	0.60057	0.53032	0.46884	0.41496	0.36770	0.32618	0.28966
14	0.86996	0.75788	0.66112	0.57748	0.50507	0.44230	0.38782	0.34046	0.29925	0.26333
15	0.86135	0.74301	0.64186	0.55526	0.48102	0.41727	0.36245	0.31524	0.27454	0.23939
16	0.85282	0.72845	0.62317	0.53391	0.45811	0.39365	0.33873	0.29189	0.25187	0.21763
17	0.84438	0.71416	0.60502	0.51337	0.43630	0.37136	0.31657	0.27027	0.23107	0.19784
18	0.83602	0.70016	0.58739	0.49363	0.41552	0.35034	0.29586	0.25025	0.21199	0.17986
19	0.82774	0.68643	0.57029	0.47464	0.39573	0.33051	0.27651	0.23171	0.19449	0.16351
20	0.81954	0.67297	0.55368	0.45639	0.37689	0.31180	0.25842	0.21455	0.17843	0.14864

n/i	11.0	12.0	13.0	14.0	15.0	16.0	17.0	18.0	19.0	20.0
1	0.90090	0.89286	0.88496	0.87719	0.86957	0.86207	0.85470	0.84746	0.84034	0.83333
2	0.81162	0.79719	0.78315	0.76947	0.75614	0.74316	0.73051	0.71818	0.70616	0.69444
3	0.73119	0.71178	0.69305	0.67497	0.65752	0.64066	0.62437	0.60863	0.59342	0.57870
4	0.65873	0.63552	0.61332	0.59208	0.57175	0.55229	0.53365	0.51579	0.49867	0.48225
5	0.59345	0.56743	0.54276	0.51937	0.49718	0.47611	0.45611	0.43711	0.41905	0.40188
6	0.53464	0.50663	0.48032	0.45559	0.43233	0.41044	0.38984	0.37043	0.35214	0.33490
7	0.48166	0.45235	0.42506	0.39964	0.37594	0.35383	0.33320	0.31393	0.29592	0.27908
8	0.43393	0.40388	0.37616	0.35056	0.32690	0.30503	0.28478	0.26604	0.24867	0.23257
9	0.39092	0.36061	0.33288	0.30751	0.28426	0.26295	0.24340	0.22546	0.20897	0.19381
10	0.35218	0.32197	0.29459	0.26974	0.24718	0.22668	0.20804	0.19106	0.17560	0.16151
11	0.31728	0.28748	0.26070	0.23662	0.21494	0.19542	0.17781	0.16192	0.14757	0.13459
12	0.28584	0.25668	0.23071	0.20756	0.18691	0.16846	0.15197	0.13722	0.12400	0.11216
13	0.25751	0.22917	0.20416	0.18207	0.16253	0.14523	0.12989	0.11629	0.10421	0.09346
14	0.23199	0.20462	0.18068	0.15971	0.14133	0.12520	0.11102	0.09855	0.08757	0.07789
15	0.20900	0.18270	0.15989	0.14010	0.12289	0.10793	0.09489	0.08352	0.07359	0.06491
16	0.18829	0.16312	0.14150	0.12289	0.10686	0.09304	0.08110	0.07078	0.06184	0.05409
17	0.16963	0.14564	0.12522	0.10780	0.09293	0.08021	0.06932	0.05998	0.05196	0.04507
18	0.15282	0.13004	0.11081	0.09456	0.08081	0.06914	0.05925	0.05083	0.04367	0.03756
19	0.13768	0.11611	0.09806	0.08295	0.07027	0.05961	0.05064	0.04308	0.03670	0.03130
20	0.12403	0.10367	0.08678	0.07276	0.06110	0.05139	0.04328	0.03651	0.03084	0.02608

4 연금의 현재가치요소(PVIFA : PVIF for annuity)

$$PVIFA = \frac{1 - \dfrac{1}{(1+i)^n}}{i}$$

n/i	1.0	2.0	3.0	4.0	5.0	6.0	7.0	8.0	9.0	10.0
1	0.99010	0.98039	0.97087	0.96154	0.95238	0.94340	0.93458	0.92593	0.91743	0.90909
2	1.97039	1.94156	1.91347	1.88609	1.85941	1.83339	1.80802	1.78326	1.75911	1.73554
3	2.94098	2.88388	2.82861	2.77509	2.72325	2.67301	2.62432	2.57710	2.53129	2.48685
4	3.90197	3.80773	3.71710	3.62990	3.54595	3.46511	3.38721	3.31213	3.23972	3.16987
5	4.85343	4.71346	4.57971	4.45182	4.32948	4.21236	4.10020	3.99271	3.88965	3.79079
6	5.79548	5.60143	5.41719	5.24214	5.07569	4.91732	4.76654	4.62288	4.48592	4.35526
7	6.72819	6.47199	6.23028	6.00206	5.78637	5.58238	5.38929	5.20637	5.03295	4.86842
8	7.65168	7.32548	7.01969	6.73275	6.46321	6.20979	5.97130	5.74664	5.53482	5.33493
9	8.56602	8.16224	7.78611	7.43533	7.10782	6.80169	6.51523	6.24689	5.99525	5.75902
10	9.47130	8.98259	8.53020	8.11090	7.72174	7.36009	7.02358	6.71008	6.41766	6.14457
11	10.36763	9.78685	9.25262	8.76048	8.30642	7.88687	7.49867	7.13896	6.80519	6.49506
12	11.25508	10.57534	9.95400	9.38507	8.86325	8.38384	7.94269	7.53608	7.16073	6.81369
13	12.13374	11.34837	10.63495	9.98565	9.39357	8.85268	8.35765	7.90378	7.48690	7.10336
14	13.00370	12.10625	11.29607	10.56312	9.89864	9.29498	8.74547	8.24424	7.78615	7.36669
15	13.86505	12.84926	11.93793	11.11839	10.37966	9.71225	9.10791	8.55948	8.06069	7.60608
16	14.71787	13.57771	12.56110	11.65230	10.83777	10.10590	9.44665	8.85137	8.31256	7.82371
17	15.56225	14.29187	13.16612	12.16567	11.27407	10.47726	9.76322	9.12164	8.54363	8.02155
18	16.39827	14.99203	13.75351	12.65930	11.68959	10.82760	10.05909	9.37189	8.75563	8.20141
19	17.22601	15.67846	14.32380	13.13394	12.08532	11.15812	10.33560	9.60360	8.95011	8.36492
20	18.04555	16.35143	14.87747	13.59033	12.46221	11.46992	10.59401	9.81815	9.12855	8.51356

n/i	11.0	12.0	13.0	14.0	15.0	16.0	17.0	18.0	19.0	20.0
1	0.90090	0.89286	0.88496	0.87719	0.86957	0.86207	0.85470	0.84746	0.84034	0.83333
2	1.71252	1.69005	1.66810	1.64666	1.62571	1.60523	1.58521	1.56564	1.54650	1.52778
3	2.44371	2.40183	2.36115	2.32163	2.28323	2.24589	2.20959	2.17427	2.13992	2.10648
4	3.10245	3.03735	2.97447	2.91371	2.85498	2.79818	2.74324	2.69006	2.63859	2.58873
5	3.69590	3.60478	3.51723	3.43308	3.35216	3.27429	3.19935	3.12717	3.05764	2.99061
6	4.23054	4.11141	3.99755	3.88867	3.78448	3.68474	3.58918	3.49760	3.40978	3.32551
7	4.71220	4.56376	4.42261	4.28830	4.16042	4.03857	3.92238	3.81153	3.70570	3.60459
8	5.14612	4.96764	4.79877	4.63886	4.48732	4.34359	4.20716	4.07757	3.95437	3.83716
9	5.53705	5.32825	5.13166	4.94637	4.77158	4.60654	4.45057	4.30302	4.16333	4.03097
10	5.88923	5.65022	5.42624	5.21612	5.01877	4.83323	4.65860	4.49409	4.33894	4.19247
11	6.20652	5.93770	5.68694	5.45273	5.23371	5.02864	4.83641	4.65601	4.48650	4.32706
12	6.49236	6.19437	5.91765	5.66029	5.42062	5.19711	4.98839	4.79323	4.61050	4.43922
13	6.74987	6.42355	6.12181	5.84236	5.58315	5.34233	5.11828	4.90951	4.71471	4.53268
14	6.98187	6.62817	6.30249	6.00207	5.72448	5.46753	5.22930	5.00806	4.80228	4.61057
15	7.19087	6.81086	6.46238	6.14217	5.84737	5.57546	5.32419	5.09158	4.87586	4.67547
16	7.37916	6.97399	6.60388	6.26506	5.95424	5.66850	5.40529	5.16235	4.93770	4.72956
17	7.54879	7.11963	6.72909	6.37286	6.04716	5.74870	5.47461	5.22233	4.98966	4.77463
18	7.70162	7.24967	6.83991	6.46742	6.12797	5.81785	5.53385	5.27316	5.03333	4.81220
19	7.83929	7.36578	6.93797	6.55037	6.19823	5.87746	5.58449	5.31624	5.07003	4.84350
20	7.96333	7.46944	7.02475	6.62313	6.25933	5.92884	5.62777	5.35275	5.10086	4.86958

SMART 재무관리

2판

입문

2020년 01월 30일 초판 발행
2021년 02월 12일 2판 발행

저 자 | 김용석
편집·디자인 | 유진강(아르케 디자인)
인쇄·제본 | 상지사

펴낸이 | 김용석
펴낸곳 | (주) 이러닝코리아
출판등록 | 제 2016-000021
주 소 | 서울시 금천구 가산동 60-5번지 갑을그레이트밸리 A동 503호
전 화 | 02)2106-8992
팩 스 | 02)2106-8990

ISBN 979-11-89168-23-0 93320